经典启蒙

第九册

周易·孙子·管子

丛书主编：孙绍振

丛书副主编：王　君

本册主编：一　苇

朗　　诵：田　达

插　　画：张洪昌

本书配有家长交流群

微信扫码，加入感兴趣的学习群

获取本书学习资料，参与读书活动
与其他家长一起辅导孩子使用本书

齐鲁书社

图书在版编目（CIP）数据

周易·孙子·管子 / 一苇本册主编. —— 济南 ：
齐鲁书社，2019.5
（《经典启蒙》丛书 / 孙绍振丛书主编 ；第九册）
ISBN 978-7-5333-4126-8

Ⅰ.①周… Ⅱ.①一… Ⅲ.①《周易》－儿童读
物②《孙子兵法》－儿童读物③《管子》－儿童读物
Ⅳ.①B221-49②E892.25-49③B226.1-49

中国版本图书馆CIP数据核字(2019)第085378号

经典启蒙（第九册）周易·孙子·管子

孙绍振 丛书主编 王君 丛书副主编 一苇 本册主编

主管单位	山东出版传媒股份有限公司
出版发行	齐鲁书社
社　　址	济南市英雄山路189号
邮　　编	250002
网　　址	www.qlss.com.cn
电子邮箱	qilupress@126.com
营销中心	（0531）82098521　82098519
印　　刷	山东金坐标印务有限公司
开　　本	787mm×1092mm　1/16
印　　张	6.5
字　　数	94千
版　　次	2019年5月第1版
印　　次	2019年5月第1次印刷
印　　数	1—10000
标准书号	ISBN 978-7-5333-4126-8
定　　价	26.00元

序 言

　　我们的青少年是幸运的，他们生逢一百多年来伟大祖国最为强盛的时代，那些反复遭受帝国主义列强侵凌、几遭亡国灭种、被视为"劣等民族"之屈辱一去不复返，中华民族已经屹立于我们这个星球。我们走在世界任何一个国家的大街上，完全可以昂首阔步，神采飞扬。

　　时代赋予了我们空前的自信。但是，自信的同时，还须冷静地面对现实：由于长期的经济、军事、文化上的落后，潜在的民族自卑并没有完全消除。我们向世界开放，学习引进欧美文化不是为了照搬，而是为了推动创新我国的文化，在此过程中我们应当对欧美文化进行系统而理智的分析。然而在今天的中国，西方文化的影响力还十分强大，传统文化常常处于被动地位，很多领域还有对西方文化的盲从现象。

　　文化主体性的恢复，文化自信的重构，实际上是一个相当持久的过程。当前，最有效的办法，乃从根本上抓起，把中华优秀传统文化，在儿童思维萌生之际深深地植入，使其成为他们的精神基因。在他们的世界观形成之时，民族文化生发的自豪、自尊、自信将成为他们的生命内核。在此背景下，目前，在全国范围内，儿童读国学经典蔚然成风，令人鼓舞。

　　但是，任务是相当艰巨的。国学经典浓缩着中华优秀传统文化的价值和历史的精华，其内容深邃而丰富，而孩子的阅读和理解能力相当有限。因而本丛书定位于启蒙，万取一收，博中取精。以难易为梯度，将难度最小的经典，如《三字经》《百家姓》《千字文》等，放在唐宋诗词以及《论语》《大学》《孟子》等之前，循序渐进，突出中华道德理性、家国情怀。

当然，各册的内容重点有所分工，如在《三字经》以后，有唐宋诗词，二者结合，情理交融，又贴近儿童认知特点，有利于潜移默化。其中有些格言佳句，如"一寸光阴一寸金"等，可能会使他们过目不忘，终身铭记。在这以后，进入《论语》《大学》《孟子》《中庸》，难度逐渐加大。就其哲学、伦理、文化学的深度而言，这些内容不是孩子们可以完全理解的，但可以取"好读书不求甚解"的策略，但求文字上熟读成诵。孔子、孟子的一些格言，孩子们不难倒背如流，当时不可能十分理解，但会终身耳熟能详，先入心灵，在成年后的生活实践中，当如种子之入土，假以时日，花、果可期。

当然，随着阅读的进展，难度递进，如《老子》《庄子》《古文观止》《诗经》《楚辞》等博大精深，为了切近孩子的认知和理解水平，乃不求其全，截其一篇之警策，或取其智慧之闪光，或取其语言之隽永，或取其哲理之深邃，旨在以点带面，激发兴趣，引人入胜。

篇后有练习，间带游戏性，引发兴趣，促进思考；册后附有参考答案，旨在取孔夫子"困而知之"之效。苟有识者神会，合编者苦心，吾当同欣也。

孙绍振

2019年4月22日

目 录

管 子

1 乾

《周易》分为《易经》和《易传》。《易经》大约成书于西周时期，起初是一部有关卜筮的书，内容包括六十四卦的卦爻符号和卦爻辞。《易传》大约成书于战国时期，是一部最早解读《易经》的著作，包括《彖传》《象传》《文言》《系辞》《说卦》《序卦》《杂卦》七个部分。

乾卦是《周易》六十四卦当中的第一卦。乾卦是六根阳爻相叠，代表至阳。在人们的认知中，毫无疑问，最大的阳莫过于与地相对应的天，因此至阳之卦的乾就指代了天的意义。乾为天之道，是动，是用，是化生万物的根本，是万物之君父。乾为纯阳之卦，因此，乾最大的特性就是刚健。

原文

乾☰①：元②亨③利贞。

彖④曰：大哉乾元⑤，万物资始⑥，乃统天⑦。云行雨施，品物⑧流形⑨。大明⑩终始，六位⑪时成⑫，时乘六龙，以御天⑬。乾道变化，各正性命⑭。保合大和⑮，乃利贞⑯。首出庶物⑰，万国咸宁⑱。

象^⑲曰：天行^⑳健，君子^㉑以自强不息。

初九^㉒：潜龙^㉓勿用^㉔。

九二：见龙在田^㉕，利见大人。

九三：君子终日^㉖乾乾^㉗，夕^㉘惕若^㉙，厉^㉚无咎^㉛。

九四：或跃在渊，无咎。

九五：飞龙在天，利见大人。

上九：亢龙有悔^㉜。

用九：见群龙无首。吉。

《六龙图》（局部） 南宋·陈容

注 释

① 乾：卦名，代表天。 ② 元：始，由始引申为大。 ③ 亨：亨美、亨通、顺畅。 ④ 象：《象传》。 ⑤ 乾元：天道的开始。 ⑥ 资始：赖以有始。 ⑦ 统天：统属于天。 ⑧ 品物：各种物品。 ⑨ 流形：形体的形成与运动变化。 ⑩ 大明：太阳。 ⑪ 六位：上下、前后、左右六个方位，也就是三维空间。 ⑫ 时成：因此而成。时，通"是"。 ⑬ 时乘六龙，以御天：这是关于太阳的一个神话传说，据说太阳的运行，是太阳的母亲羲和驾着一辆六龙车在天空中飞行。 ⑭ 性命：属性和命运。 ⑮ 保合大和：保有成就大的和谐。 ⑯ 利贞：利于正道。 ⑰ 首出庶物：因为天的肇始，生出万事万物。 ⑱ 万国咸宁：所有的地方都安宁。 ⑲ 象：《象传》。 ⑳ 天行：天道，天的运行规律。 ㉑ 君子：指有才德、有格局之人。 ㉒ 初九：爻题。从下往上数，初九是乾卦六爻当中的第一爻。在《周易》当中，阳爻称作九，阴爻称作六。 ㉓ 潜龙：处于潜伏状态的龙。 ㉔ 勿用：不要有所作为。 ㉕ 见龙在田：龙出现于田野之中。见，

通"现"。 ㉖ 终日：白昼，一整天。 ㉗ 乾乾：健健，一种精力旺盛饱满的状态。 ㉘ 夕：夜晚。 ㉙ 惕若：警惕、小心翼翼的样子。 ㉚ 厉：危险、危害、不利的情况。 ㉛ 咎：灾害、麻烦。 ㉜ 亢龙有悔：龙达到极端的高度，开始走向它的反面。

讲一讲 👀

"元亨利贞"是乾卦的卦辞。注释中的解读为《易传》和历代易学家的观点。而实际上，根据出土文献，"元亨利贞"，《易经》的原意是：大的享祭，有利的占问。亨，其实是"享"字，是古代的一种祭祀。贞，意为占问。"贞"字在甲骨卜辞中常见，本义为占问。卜辞中的"贞"，是用甲骨来占问；而《易经》中的"贞"，是用蓍草来占问。

乾卦的整个《象传》都在讲天的事。《象传》的主旨是说，天有两个属性，一个是大，一个是首，也就是开始。

卦辞的《象传》分为前后两部分："天行健"是解读卦名。天道运行的特点是刚健，所以这一卦的卦名为"健"，后改用"乾"字。"君子以自强不息"，是卦象对君子的启示。因为天道刚健，所以君子应效法天道，自强不息。

爻辞从初九到上九，以龙的意象，象征着代表天德的人。虽然同样是龙，但在不同爻位象征的不同境遇中，需要采用不同的对策。

知与行 👀

1. 排列顺序

终日乾乾（　） 　　见龙在田（　） 　　或跃在渊（　）

潜龙勿用（　） 　　亢龙有悔（　） 　　飞龙在天（　）

2. 举例分析生活当中都有哪些"潜龙勿用"的情况。

广见闻

乾卦卦名的演变

乾卦的名字原来不叫乾卦，而叫健卦。在马王堆汉墓出土的帛书《周易》当中，乾卦叫作"键"卦，"键"后来规范为"健"，意思是刚健。这是天的特性，所以讲天道的卦就叫作健卦。"天行健"的含义正在于此。直到西汉早期，汉字中的"乾"字还没有出现。在古代，后出的"乾"字，与"健"字同音，因此卦名换作了"乾"。

"天"和"元"字

"天"和"元"字，在甲骨文和金文当中极为相似。"天"是一个正面站立的人，强调了上面的头部，或者画一个方框，或者画一个圆点，表示头，所以"天"最初的意思就是头。"元"字下面是一个侧身站立的人，上面是一个短横加一个长横，其实就是上下的"上"字，"上"和"人"组合在一起，表达的是人的最上面，也就是头的意思。

| 甲1 | 甲2 | 金1 | 金2 | 甲 | 金 |

② 坤

导读

　　坤卦是《周易》的第二卦。乾坤两卦，一个是至阳之卦，一个是至阴之卦，是一生二的状态。正是这个阴阳的二，才化生出万物。所以，乾坤是一个完整而又完美的配对。因此不论是《彖传》还是《象传》，乾坤两卦文字上都有对应关系。在这个二当中，乾为阳，所以为父；坤为阴，所以为母。一父一母，阴阳交合，化生出万物。相对于乾的外向和刚健，坤的特点是内敛和柔顺。

原文

　　坤☷：元亨，利牝马①之贞。君子有攸往②，先迷，后得主利③。西南得朋④，东北丧朋。安贞吉⑤。

　　彖曰：至哉坤元⑥，万物资生⑦，乃顺承天。坤厚载物，德合无疆⑧。含弘光大，品物咸亨⑨。

pìn

牝马地类，行地无疆⑩。柔顺利贞，君子攸行。先迷失道，后顺得常。

《奔马》　徐悲鸿

西南得朋，乃与类行。东北丧朋，乃终有庆⑪。安贞之吉，应地无疆。

象曰：地势坤，君子以厚德载物。

初六：履霜，坚冰至⑫。

六二：直方⑬，大不习，无不利。

六三：含章⑭，可贞。或从王事，无成有终。

六四：括囊，无咎无誉⑮。

六五：黄裳^{cháng}⑯，元吉。

上六：龙战于野，其血玄黄⑰。

用六：利永⑱贞。

注释

① 牝马：母马。　② 君子有攸往：君子有所往。　③ 先迷，后得主利：走在前面，就会迷路；跟在后面，就会得到来自主导者的利益。　④ 朋：朋友或同类。　⑤ 安贞吉：安于正道则吉。　⑥ 至哉坤元：坤德所带来的恩惠无所不在。　⑦ 万物资生：万物因为它而生生不息。　⑧ 德合无疆：指地和天的相合，天地相合，包罗无疆。

⑨ 含弘光大，品物咸亨：内含广大，万物亨通。　⑩ 牝马地类，行地无疆：牝马属于地类，母马拉着大地这辆大车，可以无穷无尽地走下去。　⑪ 有庆：有吉庆。

⑫ 履霜，坚冰至：刚刚踩到一层薄霜，感受到一点点寒意，随后天气将会越来越冷，冰越来越厚。　⑬ 直方：意为德方，有方这种德。　⑭ 含章：光芒色彩内敛。

⑮ 括囊，无咎无誉：把袋口扎起来，韬光养晦，因此既无责怪，亦无赞誉，远离是非。　⑯ 黄裳：黄色的内衣。古时上衣下裳，衣在外而裳在内。　⑰ 玄黄：天玄地黄，玄黄为天地之色。　⑱ 永：长久。

讲一讲

　　与乾卦的至阳、纯阳相反，坤卦是至阴、纯阴之卦，因此处处表现出与乾卦相反的状态。与乾卦的"自强不息"相应，坤卦有"厚德载物"之性。古人把大地比喻为一辆大车，所以经常把大地称作坤舆，或者舆地。大地深厚，有厚重之德，有载万物的功能。坤所代表的大地，就像是一辆大车，满载着万物前行。

　　与天的圆德相反，地为方德，因此六二爻辞为"直方"，"直方"就是德方。圆德和方德主要是指天地的特性，所谓圆象征着动，所谓方象征着静，因此大地的特性为静。大地的另外一个特点就是内敛不争。"先迷，后得主利"，讲的是不要争先，要跟随而动，顺势而为。"含章""括囊""黄裳"，都是讲内敛之道。"含章"是内在的才华含而不露；"括囊"是把自己的口袋扎起来，远离是非；"黄裳"是通过守中而获得吉庆。

知与行

　　1. 排列出从初六爻到六五爻爻辞的前两个字，总结一下其中的规律。

　　2. 填空

　　至哉_____，万物_____，乃顺承天。坤厚_____，德合无疆。_____光大，品物_____。牝马_____，行地无疆。_____利贞，君子攸行。_____失道，_____得常。西南得朋，乃与_____。东北丧朋，乃终_____。_____之吉，应地无疆。

广见闻 ○○

坤卦卦名的演变和《象传》的原貌

乾卦《象传》"天行健"的"健"不仅是卦名，而且是"天行"，也就是天道的特性。这也是这一卦得名为"健"（乾）的原因。而坤卦《象传》"地势坤"的"坤"单纯为卦名，看不出"地势"的特性来。那么，这是为什么呢？

根据西汉初年的帛书本《周易》，我们很快就找到了答案。原来，这个"坤"字，在汉代初年还写作"川"。而"川"字就是"顺"字的古字。所以，和乾卦也就是健卦相对的是川卦，也就是顺卦。天行和地势，一个是健，一个是顺。这样一来，各自的特性就完全表达出来了。因此我们得出两个结论：一是坤卦的原名叫作顺卦；二是坤卦《象传》的原貌是："地势顺，君子以厚德载物。"

关于《文言传》

《周易》的《文言传》只有两篇，分别解读乾卦和坤卦。乾卦的《文言传》篇幅长达一千多字，多角度反复解读乾卦的卦爻辞。《文言传》对"元亨利贞"的解读，尤其为历代易学家所宗。坤卦的《文言传》比乾卦简练许多，其中"积善之家，必有余庆；积不善之家，必有余殃"，成为劝世良言。

③ 泰 否

导 读

　　泰否两卦是一组来自乾坤的对卦。把八卦当中的乾☰坤☷两卦相叠，就变成了泰䷊否䷋两卦。乾在下坤在上为泰卦，乾在上坤在下为否卦。因为天本在上，地本在下，所以天在下地在上象征着天气下降，地气上升，所以，泰卦是天地相交；而否卦是天地各安其位，互不来往，象征着天地闭塞的状态。因此，泰否两卦代表着通泰和闭塞两种截然相反的状态。

原 文

　　泰䷊：小往大来，吉，亨。

　　象曰：泰，小往大来，吉亨，则是天地交而万物通也，上下交而其志同也。内阳而外阴，内健而外顺，内君子而外小人，君子道长，小人道消也。

《寒鸦图卷》　北宋·李成

象曰：天地交，泰；后以财成天地之道，辅相天地之宜，以左右①民。

初九：拔茅茹以其汇②。征吉。

九二：包荒，用冯河③，不遐遗④，朋亡⑤，得尚于中行⑥。

九三：无平不陂，无往不复⑦。艰贞无咎。勿恤其孚，于食有福。

六四：翩翩⑧，不富以其邻。不戒以孚。

六五：帝乙归妹以祉⑨。元吉。

上六：城复于隍⑩。勿用师。自邑告命⑪。贞吝。

［否］䷋：否之匪人⑫。不利君子贞，大往小来。

象曰：否之匪人，不利君子贞，大往小来，则是天地不交而万物不通也，上下不交而天下无邦也。内阴而外阳，内柔而外刚，内小人而外君子，小人道长，君子道消也。

象曰：天地不交，否；君子以俭德辟难⑬，不可荣以禄。

初六：拔茅茹以其汇。贞吉。亨。

六二：包承⑭。小人吉，大人否，亨。

六三：包羞⑮。

九四：有命，无咎。畴离祉⑯。

九五：休否⑰。大人吉。其亡其亡，系于苞桑⑱。

上九：倾否⑲，先否后喜。

注 释

① 左右：意为支配、安排。② 拔茅茹以其汇：将同一类的茅草连根拔起。 茅茹，即茅草根。汇，同类。③ 包荒，用冯河：用皮囊做的筏子渡黄河。包荒，当指一种用来渡河的工具，是在里面塞满了荒草的皮囊。冯，通"凭"（憑）。河，黄河。用冯河，用以渡黄河。④ 不遐遗：没走多远坠入河中。 ⑤ 朋亡：没有溺亡。朋，当为"弗"之误。 ⑥ 得尚于中行：最终得以走上了大路。尚，通"上"。中行，大路。 ⑦ 无平不陂，无往不复：世间没有平而无坡的路，也没有去而不返的路。 ⑧ 翩翩：轻率不稳重的样子。 ⑨ 帝乙归妹以祉：帝乙嫁女的时候，陪嫁了贵重的象牙。帝乙，商代晚期的商王。归妹，嫁女。祉，帛书《周易》写作"齿"，应该是指象牙，也有人认为是福祉的意思。 ⑩ 城复于隍：城墙倾覆于壕沟。复，通"覆"，倾覆。隍，指护城的壕沟。 ⑪ 自邑告命：邑人前来告知城覆之事。 ⑫ 否之匪人：闭塞不通的原因，是用人不当。 ⑬ 以俭德辟难：以节俭之德躲避灾难。 ⑭ 包承：祭祀用的蒸肉。包，通"庖"，厨房，借指烹制。 ⑮ 包羞：祭祀所用带滋味的熟肉。 ⑯ 畴离祉：同一类的人都可以承受君上的福祉。畴，指同类。离祉，意为承受福祉。 ⑰ 休否：否的状态停止。 ⑱ 苞桑：茂盛的桑树。 ⑲ 倾否：否走到了终点，就会倾覆，走向反面。

讲一讲

乾卦是天卦，坤卦是地卦，而泰否则是天地之卦。《周易》的巧妙之处，在于用平面、静态的卦爻符号的排列方式，表达出立体、动态的变化。泰卦中乾在内卦，坤在外卦，象征着乾由外而内，由远而近；坤由内而外，由近而远。乾为阳，坤为阴，阳为大，阴为小，因此，泰卦卦辞是："小往大来。"否卦与此相反，乾在外，坤在内，因此，否卦卦辞是："大往小来。"《象传》从基本卦象解释，因此泰卦是"天地交"，否卦是"天地不交"。《彖传》则把"大"和"小"引申为大人（君子）和小人，那么泰否两卦讲的就是君子和小人之道。

泰否两卦的爻辞有两个需要关注的点：第一是泰卦九三的"无平不陂，无往不复"，告诉我们的是世间所有的事物都有阴阳两面，有平坦就有坎坷，有去就有回。第二是泰卦上六爻的"城复于隍",以及否卦上九爻的"倾否,先否后喜"。泰卦的通泰走到上六的极端就会塌陷,否卦闭塞的不良局面走到上九的极端同样也会倾倒,否极泰来。

知与行 ○○

1. 以下文字哪些来自泰卦(A),哪些来自否卦(B)?

大往小来(　　)。小往大来(　　)。天地交而万物通(　　)。天地不交而万物不通(　　)。内阳而外阴(　　)。内阴而外阳,内柔而外刚(　　)。内健而外顺(　　)。内小人而外君子(　　)。内君子而外小人(　　)。君子道长,小人道消(　　)。小人道长,君子道消(　　)。天地交,泰(　　)。天地不交,否(　　)。

2. 把三爻的八卦经卦任意两两相叠,然后找到一本关于《周易》的书,看看对应的是《周易》当中的哪一卦?

广见闻 ○○

经卦和别卦

我们平时说的八卦其实就是《周易》八个最基本的卦象,在《周易》学中被称作经卦,由三爻组成,分别是:乾☰、坤☷、艮☶、兑☱、坎☵、离☲、震☳、巽☴。各自对应的基本卦象是:天、地、山、泽、水、火、雷、风。—是阳爻, --是阴爻,由阳爻和阴爻三爻为一组所能组成的全部卦象就是以上八卦。八卦是学习《周易》的基础,就像学习英文必须首先掌握的字母。由三爻的经卦两两相叠,会出现六十四种情况,这就是六十四卦,六十四卦又叫作别卦。而《周易》的内容正是由六十四卦的卦象和卦爻辞组成。

④ 损 益

导 读

  损卦来自泰卦。泰卦是天地相交、万物繁茂的大好局面。不过，泰卦象征着民多富，而统治阶层财力有限。损☶就是把泰☷下卦中的九三爻夺过来，补充到上卦中的上六爻，从而变成了艮卦和兑卦的组合。损下肥上，损人肥己，因此变成了损卦。益☴则是把否☴上卦的九四爻移到下卦的初爻。阳爻从上卦移到下卦，象征着财富由上层转移到下层，民富则国强，所以从国家层面来讲，这是一种补益。

原 文

  损☶：有孚。元吉。无咎。可贞。利有攸往。曷之用①，二簋可用享②。

  彖曰：损，损下益上③，其道上行。损而有孚，元吉无咎④，可贞，利有攸往。曷之用，二簋可用享。二簋应有时，损刚益柔有时⑤。损益盈虚，与时偕行⑥。

  象曰：山下有泽，损；君子以惩忿窒欲⑦。

《踏歌图》 南宋·马远

初九：巳事遄往⑧。无咎。酌损之。

九二：利贞。征凶⑨。弗损益之⑩。

六三：三人行则损一人，一人行则得其友。

六四：损其疾，使遄有喜。无咎。

六五：或益之十朋之龟⑪，弗克违。元吉。

上九：弗损益之。无咎，贞吉。利有攸往。得臣无家⑫。

益䷩：利有攸往，利涉大川。

彖曰：益，损上益下⑬，民说无疆⑭。自上下下，其道大光⑮。利有攸往，中正有庆⑯。利涉大川，木道⑰乃行。益动而巽，日进无疆⑱。天施地生，其益无方⑲。凡益之道，与时偕行。

象曰：风雷，益；君子以见善则迁，有过则改⑳。

初九：利用为大作㉑。元吉，无咎。

六二：或益之十朋之龟，弗克违。永㉒贞吉。王用享于帝。吉。

六三：益之。用凶事㉓，无咎。有孚。中行㉔告公用圭ɡuī㉕。

六四：中行告公，从。利用为依迁国。

九五：有孚，惠心，勿问。元吉。有孚，惠我德。

上九：莫益之，或击之。立心勿恒㉖，凶。

注　释

① 曷之用：这一次祭祀用什么？　② 二簋可用享：用两个簋，也就是用两个盛饭的碗就够了。　③ 损下益上：损卦的母卦是泰卦，所谓损就是损阳益阴，损泰卦下卦的九三，益上卦的上六。　④ 损而有孚，元吉无咎：如果损得有信用，不是任意妄为地损，就不会

带来不好的结果。 ⑤ 二簋应有时，损刚益柔有时：只用两个簋必须符合时机，损阳益阴必须符合时机。 ⑥ 损益盈虚，与时偕行：是损是益，是盈是虚，要根据当时的情况。 ⑦ 惩忿窒欲：要控制自己的情绪，限制自己的贪欲。 ⑧ 巳事遄往：意思是抓紧时间前去祭祀，表达的是内心对祭祀的恭敬态度。巳，通"祀"，祭祀。遄往，就是紧急前往。 ⑨ 征凶：远行为凶。二是阴位，利安居，不利于远行。 ⑩ 弗损益之：不增加也不减少，保持原来的局面。 ⑪ 十朋之龟：价格高的龟。"朋"是贝的专用量词，十贝为一朋。 ⑫ 得臣无家：在路上会意外得到无家可归的奴仆。臣，指奴隶。臣无家，指没有主的奴隶。 ⑬ 损上益下：益卦的母卦是否卦。把否卦上卦的一根阳爻九四爻移到下卦中对应的初爻，就变成了益卦。阳爻从上卦移到下卦，象征着财富由上层转移到下层，是国家藏富于民的一种策略。 ⑭ 民说无疆：百姓的快乐无边。 ⑮ 自上下下，其道大光：高高在上的统治阶层能够采取低姿态，关怀百姓的疾苦，如此一来，统治阶层的正道就得到发扬光大。"下下"即下到下的下面。 ⑯ 有庆：有值得庆祝的事，即好事、高兴的事。 ⑰ 木道：浮于水即木道。益卦的上卦是巽卦，巽为木，古代所有的船都是由树木制成的，所以这里的木就是指木船。 ⑱ 益动而巽，日进无疆：用谦逊的态度采取行动，每天都可以获得进步，而且前途无量。 ⑲ 天施地生，其益无方：上天与大地对万物的恩惠，不分东西南北，是一种普施的状态，对万物都没有差别。 ⑳ 见善则迁，有过则改：见到好的，就要向这个方向来改变自己；而发现自己有过错，则要及时改正。 ㉑ 大作：大的土木工程。 ㉒ 永：长久。 ㉓ 凶事：帛书本作"工事"，当指初九爻之"大作"。 ㉔ 中行：大路上。 ㉕ 圭：古代一种玉礼器。 ㉖ 立心勿恒：立心不恒久。

讲一讲

损卦和益卦讲的是损益之道。有损必有益，有益必有损。《彖传》提出了"损而有孚"和"中正有庆"，认为损益之道必须遵守信义和中道。损卦和益卦都提出了"与时偕行"，强调不论是损是益，都必须顺从和把握好时机。《象传》则是用损益来提醒君子惩忿窒欲和改过迁善。损卦的六三爻"三人行则损一人，一人行则得其友"，讲的是多则损、少则益的阴阳平衡之道。

知与行

1. 画出泰否损益四卦的卦爻符号，找出四卦之间的关系。

2. 填空

彖曰：益，损上_____，民说_____。自上_____，其道_____。利有攸往，_____有庆。利涉大川，_____乃行。_____而巽，日进无疆。天施_____，其益_____。凡益之道，_____偕行。

广见闻

欹 器

"欹"（qī）的意思是倾斜不正，因此欹器就是倾斜不正之器，而倾斜不正的原因是器中无物。孔子曾带弟子观察鲁桓公庙中的欹器，并当场做了教学实验。欹器因空而欹，孔子让学生往欹器中灌水，当灌到一定程度，倾斜的欹器渐渐端正。因为器中之水不多不少，恰到好处，没有过和不及的状况，所以就达到了平衡状态。孔子让学生再继续灌水，器中的水开始处于过的状态，欹器渐渐再次倾斜，在即将灌满时则完全倾覆，里面的水洒出。孔子感慨地说："看见了吗？凡物没有满而不覆者。"

子路于是问"持满之道"。孔子说："聪明睿智，守之以愚；功被天下，守之以让；勇力振世，守之以怯；富有四海，守之以谦。此所谓损之又损之之道也。"

不懂得损益之道的结果是：智者死于智，功者死于功，勇者死于勇，富者死于富。

5 谦 豫

导 读

谦卦和豫卦是一组对卦。谦卦卦象是坤卦在上，艮卦在下。坤为大地，艮为山。山本来应该高高耸立于大地之上，象征着地位高贵的君子，但是如果君子想做到"有终"，也就是有一个好的结局，必须低下高傲的头，把自己的姿态一降再降，一直降到大地之下，由此才可以保全自我。豫卦上下卦的卦象变成了上震下坤。卦名所反映的卦义，也由小心谦卑，变成了放松快乐。

原 文

谦䷎：亨。君子有终。

彖曰：谦亨，天道下济而光明，地道卑而上行。天道亏盈而益谦[①]，地道变盈而流谦[②]，鬼神害盈而福谦[③]，人道恶盈而好谦[④]。谦尊而光，卑而不可逾[⑤]，君子之终也。

象曰：地中有山，谦。君子以裒(póu)多益寡，称物平施[⑥]。

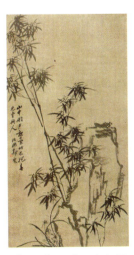

《竹子》 清·郑板桥

初六：谦谦⑦君子，用涉大川，吉。

六二：鸣谦⑧，贞吉。

九三：劳谦⑨，君子有终，吉。

六四：无不利，㧑谦⑩。

六五：不富以其邻。利用侵伐，无不利。

上六：鸣谦，利用行师征邑国。

豫☷☳：利建侯⑪行师。

彖曰：豫⑫，刚应而志行，顺以动⑬，豫。豫顺以动，故天地如之，而况建侯行师乎？天地以顺动，故日月不过而四时不忒⑭。圣人以顺动，则刑罚清而民服。豫之时义大矣哉！

象曰：雷出地奋，豫。先王以作乐崇德，殷荐之上帝，以配祖考⑮。

初六：鸣豫⑯。凶。

六二：介于石⑰，不终日。贞吉。

六三：盱豫⑱。悔，迟有悔。

九四：由豫⑲。大有得，勿疑朋盍簪⑳。

六五：贞疾，恒不死㉑。

上六：冥豫㉒。成有渝，无咎㉓。

注释

❶ 天道亏盈而益谦：天道会让满盈的吃亏，让谦卑的受益。 ❷ 地道变盈而流谦：地道会让满盈的命运发生改变，让谦卑的畅行无阻。 ❸ 鬼神害盈而福谦：鬼神会让满盈的受到伤害，让谦卑的受到保佑。 ❹ 人道恶盈而好谦：人道同样厌恶满盈，而喜欢谦

卑。 ⑤ 卑而不可逾：因为谦卑，所以高大得不可逾越。 ⑥ 哀多益寡，称物平施：把多的那一部分拿来，匀给少的那一部分，根据拥有的多少来剥夺或者给予，以此均衡各方利益。哀，取，在这里引申为减少。 ⑦ 谦谦：谦而又谦。 ⑧ 鸣谦：有名声而能谦卑。 ⑨ 劳谦：有功劳而能谦卑。 ⑩ 㧑谦：施惠于人而能自谦。㧑，意为施与。 ⑪ 利建侯：有利于建立侯国。 ⑫ 豫：本义为舒缓，引申为快乐。 ⑬ 顺以动：顺势而动。 ⑭ 四时不忒：春夏秋冬，一年四季按部就班地轮回运行，就不会有差错。忒，差错。 ⑮ 先王以作乐崇德，殷荐之上帝，以配祖考：演奏音乐以祭祀上帝，祭祀祖先。 ⑯ 鸣豫：自鸣得意。 ⑰ 介于石：耿介如石。 ⑱ 盱豫：得意扬扬的样子。盱，喜悦的样子。 ⑲ 由豫：意为豫是快乐的来源。 ⑳ 勿疑朋盍簪：意为不要怀疑同伴会进谗言互相伤害。 ㉑ 恒不死：短时间内死不了。 ㉒ 冥豫：黑暗中的快乐，即不明不白的快乐。 ㉓ 成有渝，无咎：只有有所改变，才会变有害为"无咎"。渝，改变。

讲一讲 ⚬⚬

谦，即谦卑、谦虚。豫，即轻松快乐。谦卦的智慧是教给我们持满之道。而持满之道最为重要的一点，就是谦卑。谦和豫有因果的关系，只有做到了谦，才会拥有豫。

谦卦的《象传》提出对治天道、地道、神道、人道四道满盈的办法，就在于一个谦字。天、地、人、神四道全部厌恶满盈，而偏向于谦卑。因此，谦卦告诉我们追求完美、追求圆满，就是在和天、地、人、神作对，是一个非常愚蠢的行为。

豫卦《象传》强调的是"顺以动"，即顺从规律而行动。豫卦由下卦的坤和上卦的震组成，坤为顺，震为动，所以豫卦的特点是"顺以动"，而豫卦顺的正是谦卦《象传》所说的天道、地道、神道、人道。

知与行

1.数一数谦卦的爻辞中有几个"谦"字，豫卦的爻辞中有几个"豫"字。

2.排列顺序

地道变盈而流谦（　）　　　　天道亏盈而益谦（　）

人道恶盈而好谦（　）　　　　鬼神害盈而福谦（　）

3.填空

豫顺_____，故天地_____，而况建侯_____乎？天地以_____，故日月_____而四时_____。圣人以顺动，则_____清而民服。豫之_____大矣哉！

广见闻

关于《彖传》和《象传》

彖，即断，意为裁断、判断，《彖传》的内容就是裁断、判断每一卦的含义、性质等。《彖传》每一卦都有，解读每一卦的卦象以及卦辞，很少涉及爻辞。《彖传》的内容比较丰富，力求深度解读内外卦的卦象关系、各爻的爻位关系，以及卦象关系、爻位关系与卦辞含义之间的联系，等等。

象，指卦象、爻象，《象传》解读的是卦和爻的象征意义，以及象征意义当中包含的义理。《象传》不仅每一卦都有，而且每一爻都有。每一卦的《象传》叫作《大象传》，每一爻的《象传》叫作《小象传》。《象传》的内容则比较简略，而且体例规范。《大象传》前半部分内容为本卦的基本卦象和卦名，后半部分内容为本卦对君子的启示或者君子对本卦的运用。

6 蹇 解

导 读

　　蹇卦和解卦是一组对卦。蹇是上坎下艮，坎的基本卦象是水，衍生的卦象为险；艮的基本卦象为山，衍生的卦象为止。因此蹇的卦象有两种解读：一是山上有水，下过雨的山攀登起来更加困难；二是遇险而止。"蹇"的含义是艰难，山上有水是一种艰难的局面，遇险而止则是遭遇艰难的一种应对智慧。蹇卦之后的解卦，解的就是艰难的局面。解是上震下坎，震为动，坎为险。遇险而止，是为了观察和思考，观察和思考之后则是通过行动摆脱险境，因此，解卦是因为动而脱离险境。

原 文

　　蹇䷦：利西南，不利东北。利见大人。贞吉。

　　彖曰：蹇，难也，险在前也。见险而能止，知①矣哉！蹇利西南，往得中也。不利东北，其道穷也。利见大人，往有功也。当位贞吉，以正邦②也。蹇之时用大矣哉！

　　象曰：山上有水，蹇；君子以反身修德③。

　　初六：往蹇^{jiǎn}④来誉。

六二：王臣蹇蹇⑤，匪躬之故⑥。

九三：往蹇来反⑦。

六四：往蹇来连⑧。

九五：大蹇朋来⑨。

上六：往蹇来硕⑩。吉，利见大人。

《华岳秋隼》　徐悲鸿

解☵：利西南。无所往，其来复，吉。有攸往，夙吉⑪。

象曰：解，险以动，动而免乎险⑫，解。解利西南，往得众也。其来复吉，乃得中也。有攸往夙吉，往有功也。天地解而雷雨作，雷雨作而百果草木皆甲坼⑬。解之时大矣哉！

象曰：雷雨作，解；君子以赦过宥罪⑭。

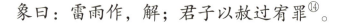

初六：无咎。

九二：田获三狐，得黄矢⑮。贞吉。

六三：负且乘，致寇至⑯。贞吝。

九四：解而拇，朋至斯孚⑰。

六五：君子维有解⑱。吉。有孚于小人。

上六：公用射隼于高墉之上，获之⑲。无不利。

注 释

① 知：通"智"，智慧。 ② 正邦：用正确的方式来治理国家。 ③ 反身修德：面对困难，回到自身修行。 ④ 往蹇来誉：去的时候艰难，回来的时候却收获了荣誉。 ⑤ 蹇蹇："蹇"而又"蹇"的困难局面。 ⑥ 匪躬之故：困难的局面不是自身的过错造成的。 ⑦ 往蹇来反：去的时候艰难，回来的情况则完全相反。 ⑧ 往蹇来连：去的时候艰难，回来的时候艰难仍在延续。 ⑨ 大蹇朋来：虽然遭遇非常大的艰难，但得到了众人的支持。朋，指有相同志向的人。 ⑩ 往蹇来硕：去的时候艰难，回来的时候收获丰硕。 ⑪ 有攸往，夙吉：如有所往，应尽早采取行动，结果为"吉"。 ⑫ 险以动，动而免乎险：遇险而动，通过时机恰当的行动而摆脱危险。 ⑬ 百果草木皆甲坼：百果草木的种子纷纷破壳而出。 ⑭ 赦过宥罪：赦免和宽宥罪过。 ⑮ 田获三狐，得黄矢：打猎获得三只狐狸，而且还得到铜箭头。 ⑯ 负且乘，致寇至：因为东西太多，所以有背着的，有放在车上拉着的，大包小卷招摇过市，结果招致贼寇来抢夺。 ⑰ 解而拇，朋至斯孚：爻辞的原意是断掉他的大脚趾，他的同道之人前来营救，结果也被抓住。 ⑱ 君子维有解：如果是君子被绑，就会有人帮他解开。维，是指用绳子捆住。 ⑲ 公用射隼于高墉之上，获之：公站在高墙之上射隼，一箭命中，没有不利的。公，是最高的爵位，也是诸侯国国君的尊称。隼，类似于鹰的鸟，是一种比较凶猛的猛禽。高墉，指高高的城墙。

讲一讲

　　蹇卦是艰难之卦，而解卦解的是艰难的局面。《周易》有其独特的视角和思维模式，正是因为出现了蹇的艰难局面，所以才产生了"见险而能止"的智慧，并提醒君子"反身修德"。从这个角度来看，有时候艰难恰恰是一件值得庆幸的事，因为艰难会逼迫我们冷静和思考，逼迫我们反省自我。也许是因为这个原因，蹇卦的所有卦爻辞中不见凶、厉、悔、吝等不利的断辞。

　　面对险境，解卦的办法是"动而免乎险"。蹇卦的"止"是为了留出思考和反省的时间，思考和反省之后，如果想摆脱险境，最后一定要落实到行动，只有采取了切实可行的行动才会出离险境。

知与行

1. 填空

蹇，_____也，险在_____也。见险而能_____，知矣哉！蹇利西南，往得_____也。不利东北，其道_____也。利见大人，往_____也。当位贞吉，以_____也。蹇之_____大矣哉！

2. 根据蹇卦的启示，谈一谈生活当中，困难给我们带来的好处，体会《周易》的辩证思维模式。

广见闻

关于《易经》和《易传》

天行健，君子以自强不息。

地势坤，君子以厚德载物。

积善之家必有余庆，积不善之家必有余殃。

许多人都会以为以上这些是《易经》里的话，其实这些话都是《易传》中的内容。因为搞不清《易经》和《易传》之间的关系，所以，大家都把《易传》里的文字，误作《易经》的内容。

《易经》即《周易》本文，包括六十四卦的卦名、卦爻符号、每爻爻题，以及作为主体内容的卦爻辞。

《易传》是古代最早对《易经》的解读。《易传》共七种十篇，分别为《彖》《象》《系辞》《文言》《说卦》《序卦》《杂卦》，其中《彖》《象》《系辞》分为上下篇，所以共得十篇，古称"十翼"。最初的"十翼"与《易经》是两本书。

7 涣 节

导 读

涣卦和节卦是一组对卦。涣卦是巽上坎下，巽为风，坎为水，水势借助风势就会变得更大。水涣散之后，就需要把它节制起来。节卦坎上兑下，坎为水，兑为泽，用下面的泽把上面的水节制起来，就可以避免水患。《周易》当中有一个重要的概念就是时，而时的关键所在就是卡准节奏，什么时候该做什么就做什么。时节两个字经常连用，所以，节是与时关系最密切的一卦。

原 文

涣☵：亨。王假有庙①。利涉大川。利贞。

象曰：涣亨，刚来而不穷，柔得位乎外，而上同。王假有庙，王乃在中也。利涉大川，乘木有功②也。

象曰：风行水上，涣；先王以享于帝③，立庙。

《云山图》 明·倪云璐

初六：用拯马壮④，吉。

九二：涣奔其机⑤。悔亡。

六三：涣其躬⑥，无悔。

六四：涣其群，元吉。涣有丘⑦，匪夷所思⑧。

九五：涣汗其大号⑨，涣王居⑩，无咎。

上九：涣其血去，逖^{tì}出无咎⑪。

节☵☱：亨。苦节，不可贞。

彖曰：节亨，刚柔分而刚得中。苦节不可贞，其道穷也。说以行险⑫，当位以节，中正以通。天地节，而四时成⑬。节以制度⑭，不伤财，不害民。

象曰：泽上有水，节；君子以制数度，议德行⑮。

初九：不出户庭，无咎。

九二：不出门庭，凶。

六三：不节若，则嗟若⑯，无咎。

六四：安节，亨⑰。

九五：甘节⑱。吉，往有尚⑲。

上六：苦节⑳，贞凶，悔亡。

注 释

① 王假有庙：王亲自来到祖庙。假，至。　② 乘木有功：涣卦上卦为巽，巽为木，下卦为坎，坎为水。因为古代的船都是木制的，所以，在《易传》当中，木常常用来代指木船。"乘木"就是乘船于水上。有船可乘，当然会渡河成功。　③ 先王以享于

帝：遇到涣卦，先王可以举行享祭来祭祀上帝。 ④ 用拯马壮：用于拯救马伤。壮，通"戕"，意为受伤。 ⑤ 涣奔其机：水势盛大，冲上台阶，洗刷了台阶上的污垢。机，通"阶"。 ⑥ 涣其躬：冲洗自我，也就是自我内省修行。 ⑦ 涣有丘：即"涣于丘"，意为水势冲到了山丘。 ⑧ 匪夷所思：不是一般人能想到的。匪，通"非"。夷，平常、一般。 ⑨ 涣汗其大号：由于水势盛大无边，场面令人恐惧，居然吓哭了许多人。"汗"是水盛大无际的样子。 ⑩ 涣王居：洪水冲到了王的居所。 ⑪ 涣其血去，逖出无咎：洪水之忧患因此会逐渐远去，即使离开家出远门也不会有问题。"血"借为"恤"，意思是忧患、忧虑。"逖"，是远的意思。 ⑫ 说以行险：以一个良好的心态去经历风雨。说，通"悦"。 ⑬ 天地节，而四时成：天地之间对节点的把握，成就春夏秋冬四季。 ⑭ 节以制度：用制度来节制所有人的行为。 ⑮ 制数度，议德行：法与德兼施。数度，指规则法度。德行，指道德规范。 ⑯ 不节若，则嗟若：不懂得节制，就无法避免叹息、懊悔的事发生。嗟若，叹息的样子。 ⑰ 安节，亨：安于节制，则万事亨通。 ⑱ 甘节：甘于节制。 ⑲ 往有尚：前往会有所收获。 ⑳ 苦节：苦于节制，即不愿意接受节制。

讲一讲

节卦的卦爻辞讲的是节制的事，按照节律来节制，按照规矩来节制。

节是天地之间的大义，没有节，这个世界就会变成一团乱麻。同样，如果没有节，社会也会呈现出一片混乱。所以，面对天地的节律、人的规则，我们每个人需要做的是顺天而应人。

涣卦爻辞中的涣，应该指的是洪水。从洪水的破坏力来说，洪水往往带来的是巨大的灾难。但换一个角度看，洪水还可以冲刷污浊。爻辞中的洪水，同时也是一种冲洗污浊的力量。从九二到上九都有"涣"字，其中的"涣其躬""涣其群""涣王居"，可以理解为身心层面的修行，通过冲洗而使身心得到净化。

知与行

1. 排列顺序

用拯马壮（　　）　　　　涣其群（　　）　　　　涣其躬（　　）

涣汗其大号（　　）　　　涣其血去（　　）　　　涣奔其机（　　）

2. 填空

节亨，刚柔分而刚_____。苦节不可贞，其道_____也。说以_____，当位以_____，中正以_____。_____节，而_____成。节以_____，不伤_____，不害_____。

3. "节"的本义来自竹节，引申为时节、节律、节制、节约等义，结合生活中的经验，谈一谈你对"节"字的认识。

广见闻

古代的卜筮文化

卜筮是古人的预测术，包括卜和筮两种方式。

卜为占卜，是用龟来占测未来。但从出土的甲骨文看，占卜除了用龟甲之外，也常用动物的骨骼作为材料。甲骨文就是占卜后留下的遗物。卜法早已遗失，后人根据文献和出土资料，尝试推测古人的占卜方法，其中主要有钻、凿、烧灼、刻辞等程序。

筮为占筮，是用蓍草制作的筮策来占测未来。关于如何用筮策占筮，《系辞》中有专门的记述。简单地说，就是用四十九根筮策，通过随机分份，按照一定规则做统计，用最后统计出的数字来确定阴阳，最后画出阳爻或者阴爻。第一次画出的是初爻，如果是阴爻，则是初六爻；如果是阳爻，则是初九爻。然后按照同样的方法依次算出二、三、四、五、上等其他五爻，从而组成一卦。

这个方法因为程序繁杂，不易操作，所以汉代以后出现了以钱代蓍法。占筮的工具是三枚铜钱，简便易行。

⑧ 中孚 小过

导 读

　　中孚卦和小过卦是一组对卦。中孚卦和小过卦的卦象特点鲜明，中孚卦两个阴爻在内，两边分别是两个阳爻，内心柔软而外表刚健；小过卦是两个阳爻在内，两边分别是两个阴爻，外表柔软而内心刚健。按照《易传》的理解，中孚就是来自内心的诚信，就是来自中道的诚信，这是最有说服力的诚信。小过卦以柔软的外表象征小的缺点，小过卦的主旨是人有小的缺点或者小的过错，反而是一件幸运的事。

原 文

　　中孚☰：豚鱼①，吉。利涉大川。利贞。

　　彖曰：中孚，柔在内而刚得中②，说而巽③，孚乃化邦④也。豚鱼吉，信及豚鱼也⑤。利涉大川，乘木舟虚也⑥。中孚以利贞，乃应乎天也。

　　象曰：泽上有风，中孚；君子以议狱缓死⑦。

　　初九：虞⑧吉。有它⑨，不燕⑩。

　　九二：鸣鹤在阴，其子和之⑪。我有好爵，吾与尔靡之⑫。

六三：得敌，或鼓或罢[13]，或泣或歌。

六四：月几望[14]，马匹亡[15]。无咎。

九五：有孚挛如[16]，无咎。

上九：翰音[17]登于天。贞凶。

小过☷：亨，利贞。可小事，不可大事。飞鸟遗之音，不宜上，宜下[18]。大吉。

彖曰：小过，小者过而亨也。过以利贞，与时行也。柔得中，是以小事吉也。刚失位而不中，是以不可大事也。有飞鸟之象焉，飞鸟遗之音，不宜上宜下大吉，上逆而下顺也。

《卧坐西山图》 清·法若真

象曰：山上有雷，小过；君子以行过乎恭，丧过乎哀，用过乎俭。

初六：飞鸟以凶。

六二：过其祖[19]，遇其妣[20]，不及其君，遇其臣。无咎。

九三：弗过防之[21]，从或戕之，凶。

九四：无咎。弗过遇之。往厉必戒[22]。勿用永贞。

六五：密云不雨，自我西郊。公弋，取彼在穴[23]。

上六：弗遇过之，飞鸟离之[24]。凶，是谓灾眚[25]。

注释

❶ 豚鱼：小猪和鱼，这两种食物是祭祀中比较普通的祭品。 ❷ 刚得中：中孚卦九二爻和九五爻都是阳爻，阳为刚。而九二爻是下卦的中位，九五爻是上卦的中位，因此是刚得到中的位置。 ❸ 说而巽：愉悦而顺从。说，通"悦"。 ❹ 孚乃化邦：以诚信治国，国家的风气因此得到净化。 ❺ 信及豚鱼也：即使涉及小猪、鱼这样的小事，

也会讲诚信。即无论大事小事，无一不讲诚信。　⑥ 乘木舟虚也：中孚卦的中间两爻为阴爻，阴为虚，有中虚之象，与舟相合。古时刳木为舟，中间被挖空，所以也是中虚之象。而从内外卦来看，上巽为木，下兑为泽，象舟浮于泽。　⑦ 议狱缓死：在讨论案件的时候，尽量少用死刑这种极端的刑罚。　⑧ 虞：一种祭礼，指将父母安葬之后，中午时分举行的祭祀仪式，目的是让父母的灵魂得到安宁，是一种安魂礼。因此"虞"也借为"安"。　⑨ 它：本义为蛇，引申为意外之灾。　⑩ 燕：指燕礼，即宴饮之礼。燕，通"宴"。　⑪ 鸣鹤在阴，其子和之：有一只鹤在树荫下鸣叫，它的孩子们就随着它一起鸣叫。　⑫ 我有好爵，吾与尔靡之：我得到好的酒具，用它来和你一起喝酒。　⑬ 得敌，或鼓或罢：在战争中俘虏了敌人，胜利者大鼓小鼓敲起来庆祝胜利。罢，帛书本作"皮"，当借为"鼙"，是军队用的便于携带的小鼓。　⑭ 月几望：即月既望，指满月后的几天。　⑮ 马匹亡：马匹丢了。　⑯ 有孚挛如：《象传》解读为诚信连连。　⑰ 翰音：鸡。　⑱ 飞鸟遗之音，不宜上，宜下：飞鸟发出的声音，如果是鸟往上飞，则越来越远听不清，直至听不见；而如果鸟往下飞，就可以听得越来越清晰。所以宜下不宜上，向上为逆，向下为顺。　⑲ 祖：祖父。　⑳ 妣：祖母。　㉑ 弗过防之：还没有达到过度的程度，但是需要防微杜渐。　㉒ 往厉必戒：如果继续往前走，就会有危险，所以要以此为戒，不能往前走。　㉓ 公弋，取彼在穴：在外打猎的公侯用缯缴射中了一只鸟，最后在鸟巢找到了这只被射中的鸟。"弋"，用带缴的箭射鸟。　㉔ 飞鸟离之：飞鸟被网住。离，在这里指网鸟的网子。　㉕ 灾眚：灾害。

讲一讲

　　中孚卦的主旨是讲来自内心、来自中道的诚信。只要有诚信，即使祭祀时使用小猪、鱼这样简单的祭品，也会得到上天的保佑。

　　小过卦表达的是典型的《周易》式智慧。《象传》对卦辞"小过，亨"的解读是："小者过而亨也。"小的过错，或者在小事方面的过错，不仅无伤大雅，而且还会有亨通的结果。《周易》告诉我们的是，我们生活的现实世界，是一个不完美的有缺陷的世界。一件事不完美，一个人不完美，有小的毛病，有小的过错，才是一种真实。但大错不行，因为大错是不可挽回的错误，往往带来的是灾难。那么，怎样算小错而不是大错呢？《象传》的答案是："过以利贞，与时行也。"小错的前提是要奉行正道，而且要与时偕行，跟上节奏。

知与行

1. 排列顺序

我有好爵（　　）　　　　　其子和之（　　）

鸣鹤在阴（　　）　　　　　吾与尔靡之（　　）

2. 填空

中孚，柔在内而＿＿＿＿，说而巽，孚乃＿＿＿＿也。豚鱼吉，信及＿＿＿＿也。利涉大川，乘木＿＿＿＿也。中孚以利贞，乃＿＿＿＿也。

3. "孚"字有关"信"的含义来自鸟类的孵卵周期，找一找自然界中还有哪些与此类似的"信"，对我们的现实生活有哪些启示？

广见闻

"中孚"的解读

中孚卦的"中"字，最初的字形是插在一个区域中间的旗子，用以表示区域中心的位置。"中"是儒家代表性智慧之一。所谓"中"，是非此端，非彼端，也不是指正中，是指在此端和彼端之间的一种动态平衡。如果刻意守在正中，也是一种极端。因此，"中"的思想是反对极端。从造字看，中间旗杆上的旗子或飘于左，或飘于右，"中"的整体并不在正中。可见"中"的观念由来已久。佛家的"中道"思想与儒家观念极为相似，既反对执着于两个极端，同时也反对执着于正中。

"孚"字甲骨文、金文基本同形，是爪下有幼童的会意。主要有两个义项：一象禽类孵卵，幼崽在爪之下，是"孵"的本字。孵化有期，所以引申为"信"。二象以手抓童，是"俘"的本字。

9 系辞上

导 读

　　《系辞传》是《易传》的核心部分，它是一篇对《易经》解读的通论。主要内容有《易经》卦爻的象征意义、《易经》的思想来源、占筮的原理与方法、蕴含的义理等。尽管《系辞传》文字的排序和内容，有一定的随机性，但整体上仍然可以建构起《易传》的思想体系。后世在谈到《周易》哲学思想的时候，所引用的资料主要来源于这里。本课选取了三段原文。

原 文

　　天尊地卑，乾坤定矣①。卑高以陈，贵贱位矣②。动静有常，刚柔断矣③。方以类聚，物以群分④，吉凶生矣。在天成象，在地成形，变化见矣。是故刚柔相摩，八卦相荡⑤，鼓之以雷霆，润之以风雨，日月运行，一寒一暑。乾道成男，坤道成女。乾知大始，坤作成物⑥。乾以易知，坤以简能⑦。易则易知，简则易从⑧。易知则有亲，

《秋窗读易图》　南宋·刘松年

易从则有功。有亲则可久，有功则可大。可久则贤人之德，可大则贤人之业。易简，而天下之理得矣。天下之理得，而成位乎其中矣。

易，无思也，无为也，寂然不动，感而遂通天下之故^⑨。非天下之至神，其孰能与于此？夫《易》，圣人之所以极深而研几^⑩也。唯深也，故能通天下之志；唯几也，故能成天下之务；唯神也，故不疾而速，不行而至。

是故易有太极^⑪，是生两仪^⑫，两仪生四象^⑬，四象生八卦，八卦定吉凶，吉凶生大业。

注　释

❶ 天尊地卑，乾坤定矣：天在尊位，地在卑位，乾坤的位置由此确定。　❷ 卑高以陈，贵贱位矣：低的位置和高的位置分别设定完毕，对应于社会属性，贵和贱的社会地位关系也可以确立。　❸ 动静有常，刚柔断矣：动与静这对阴阳有它自身的运行规律，刚和柔由此分别开来。　❹ 方以类聚，物以群分：不论是人是物，都是根据相同的属性来划分。"方以类聚"，当是"人以类聚"之误。　❺ 刚柔相摩，八卦相荡：阴阳互相碰撞，八卦基本卦象所代表的物质世界天地水火风雷山泽互相激荡，比如火山爆发、地震海啸、陨石撞击、地壳运动等极端自然现象的发生。　❻ 乾知大始，坤作成物：乾打开生成万事万物的大门，并为万事万物的生成提供能量，而坤则为万事万物赋予形态。知，在这里相当于"作"。　❼ 乾以易知，坤以简能：乾道以简易的方式带来智慧，坤道以简易的方式带来化生万物的功能。"简"和"易"意思相同，即"简易"。　❽ 易则易知，简则易从：因为简易，所以乾道的内在规律容易理解，坤道的有形运作容易遵从。　❾ 感而遂通天下之故：因感应而打通天下万物。　❿ 极深而研几：推究深邃之理，研究微妙之道。极，推究。深，深邃。研，研究。几，微妙。　⓫ 太极：物质生成之前含阴阳而阴阳未显现的状态。　⓬ 两仪：阴和阳。　⓭ 四象：由一阴一阳组合成的四种情况：阴阴、阴阳、阳阴、阳阳。

讲一讲

《系辞》一开篇，从象的角度描述了宇宙生成，其中包括对物质世界生成的描述，和对生命世界生成的描述。从"天尊地卑"到"变化见矣"，我们可以看作对宇宙物质世界生成的描述。乾坤是宇宙生成的起点，乾坤首先象征阴阳的生成，其次象征位置秩序的制定。天地打开以后，形成一个空间，一个上演各种悲喜剧的舞台，万事万物随即登场。

从"刚柔相摩"到"乾道成男，坤道成女"，我们可以看作对生命世界生成的描述。刚柔就是阴阳，而八卦是指八卦基本卦象所代表的物质世界，分别是天地水火风雷山泽。这些物质或者自然现象在生命生成之初互相激荡，比如火山爆发、地震海啸、陨石撞击、地壳运动等极端自然现象的发生。而电闪雷鸣、风雨交加，更是生命生成的重要条件。

第二段文字以"感而遂通天下之故"的"感"字为界，前面是无思无为、寂然不动的静态世界，即老子所说的看不见摸不着而又无所不在的道，以及佛家所说的涅槃寂静。这个终极世界，是通过"感"而表现为我们可以感受到的有思有为变动不停的现实世界。而"感"包含了阴阳两仪的交感，以及感官的感应。

第三段文字则是从数的角度对宇宙生成的描述。世界的本原来自易，也就是上面所说的无思无为、寂然不动的世界。易首先生成太极，太极是含阴阳而阴阳没有显现的状态。当太极中的阴阳由隐性变为显性，就出现了阴阳两仪，然后从两仪到四象，从四象到八卦，甚至从八卦到六十四卦，开始了创世纪的过程。这是一个几何倍数的递进过程。

知与行

1. 根据《系辞》的描述，画出从太极到八卦的生成图。

2. 填空

天尊地卑，_____定矣。卑高以陈，_____位矣。动静有常，_____断矣。方以类聚，物以群分，_____生矣。在天_____，在地_____，变化见矣。是故刚柔_____，八卦_____，鼓之以_____，润之以_____，日月_____，一寒一暑。乾道_____，坤道_____。乾知_____，坤作_____。

易，_____也，无为也，_____不动，_____而遂通天下之故。非天下之_____，其孰能与于此？夫《易》，圣人之所以_____而研几也。唯_____也，故能通天下之志；唯_____也，故能成天下之务；唯_____也，故不疾而速，不行而至。

广见闻

米勒实验

20世纪50年代，美国一位叫米勒的科学家，在实验室里模拟早期地球的环境，制作了一个生命生成的封闭系统。首先在系统当中加入水，以及早期地球的主要物质氢（H_2）、氦（He）、甲烷（CH_4）和氨（NH_3）等，通过加热系统当中的水形成蒸汽上升，模拟自然界当中云的形成，然后用正负电极模拟雷电，并用冷却的方法模拟降雨，形成一个循环系统。仅用了一周的时间，这个系统就形成了20多种有机物。我们知道，原始生命就是从有机物进化而来的。所以，有机物是生命的基础。因此，米勒的实验是对《系辞》描述生命生成的一次成功的实验。

扫描扉页二维码，家长可加入每日诵读打卡群
与其余29位家长一起每日辅导孩子诵读经典 ▶群类别：诵读打卡

系辞下

　　《系辞》的主体部分是《系辞上》，《系辞下》是对《系辞上》内容的继续拓展。本课选取了《系辞下》的两段文字：第一段文字是上古圣王观象制器，通过六十四卦的启示而有所创作和发明；第二段文字是对《易经》这部书宗旨和特点的描述，应该说《系辞》是《易经》最早的书评。

原文

　　古者包牺氏①之王天下也，仰则观象于天，俯则观法于地，观鸟兽之文与地之宜②，近取诸身，远取诸物③，于是始作八卦，以通神明之德，以类万物之情④。作结绳而为网罟^{gǔ}⑤，以佃以渔⑥，盖取诸离⑦。包牺氏没，神农氏作⑧，斫木为耜^{sì}，揉木为耒^{lěi}⑨，耒耨^{nòu}之利⑩，以教天下，盖取诸益。日中为市⑪，致天下之民，聚天下之货，交

《伏羲氏真像》　清·姚文翰

易而退，各得其所，盖取诸噬嗑。神农氏没，黄帝、尧、舜氏⑫作，通其变，使民不倦，神而化之，使民宜之。易，穷则变⑬，变则通，通则久。是以自天祐之，吉无不利⑭。黄帝、尧、舜垂衣<ruby>裳<rt>cháng</rt></ruby>而天下治⑮，盖取诸乾、坤。

《易》之为书也不可远，为道也屡迁⑯，变动不居⑰，周流六虚⑱，上下无常，刚柔相易⑲，不可为典要⑳，唯变所适㉑。其出入以度㉒，外内使知惧㉓，又明于忧患与故，无有师保，如临父母㉔。初率其辞，而揆其方，既有典常㉕。苟非其人，道不虚行。

注释

❶ 包牺氏：即伏羲氏，传说中的上古圣王。　❷ 观鸟兽之文与地之宜：观察鸟兽的花纹，以及附着于地面之上植物的形状。　❸ 近取诸身，远取诸物：近则取象于身，远则取象于物。　❹ 以类万物之情：用以类比万物的情状。　❺ 网罟：打猎或打鱼用的网。　❻ 以佃以渔：打猎、捕鱼。佃，通"田"，田猎。　❼ 盖取诸离：应是取象于离卦。离卦由两个经卦的离组成，看起来像网罟。　❽ 神农氏作：神农氏兴起。神农氏是继伏羲氏之后的上古圣王，因为发明了农业而得名神农。　❾ 斫木为耜，揉木为耒：砍削、弯曲木头做成耜和耒。耜和耒都是古代的农具。　❿ 耒耜之利：当为耒耜之利。　⓫ 日中为市：正午时开集市。　⓬ 黄帝、尧、舜氏：均为上古圣王。　⓭ 穷则变：走到尽头则发生改变。　⓮ 自天祐之，吉无不利：这是大有卦上六爻的爻辞，被《系辞》反复使用。意为遵循天道，因此受到老天的保佑，只有吉而没有不利。　⓯ 垂衣裳而天下治：制作服饰穿在身上，天下人自动效法，不需要有所作为就能实现天下大治。　⓰ 屡迁：不断变化。　⓱ 变动不居：不断变动而不停留。　⓲ 周流六虚：周遍流动于所有的空间，即变化无所不在。六虚，指由六爻代表的六种位置，或者代指上下左右前后所有的空间位置。　⓳ 上下无常，刚柔相易：上下位置的变化并不固定，而变化的内容就是刚柔之间的互相转变。　⓴ 不可为典要：不可死守书本。典要，指固定的准则。　㉑ 唯变

所适：根据时机的变化而变化。 ㉒ 其出入以度：不管是出是入，也就是有所行为还是没有行为，都要有相应的度。 ㉓ 外内使知惧：无论是显于外还是隐于内，都要知道畏惧。 ㉔ 无有师保，如临父母：即使没有师保这样的人监督教导，也要像父母就在跟前一样有自律。师保，教育和养护贵族或王室子女的人。 ㉕ 初率其辞，而揆其方，既有典常：一开始的时候，我们可以遵从《周易》中的卦爻辞给我们的提示，用它来揆度其中的义理，找到规范的运行规律。率，遵循。揆，揆度。

讲一讲 ○○

第一段的内容是观象制器的事。分别涉及离、益、噬嗑、乾、坤、涣、随、豫、小过、睽、大壮、大过以及夬，发明的有网、农具、集市、衣裳等，反映了从渔猎经济到农耕经济、从野蛮到文明的人类发展过程。

发明中的重点是伏羲创立八卦。当初伏羲氏作为天下共主，向上观象于天，向下观法于地，而在天地之间，则是观察鸟兽的花纹，以及附着于地面之上的植物的形状等，然后近处从人的身体取象，远处从各种物取象，由此形成了八卦。伏羲氏创立八卦是为了用它来打通人和神之间交流的通道，然后用它来描述这个世界。

第二段文字是对《易经》的评价，主旨是说，《易经》的重要主题是强调世间的一切都处在永不停歇的变动之中，而这种变动无处不在、无时不在。

知与行 ○○

1. 观察一下河图洛书的排列规律，回答以下问题：A.九数图（广见闻左图）对角线三个数字相加，分别是多少？B.十数图（广见闻右图）如果用十天干（甲乙丙丁戊己庚辛壬癸）对应一到十的数字，分别是哪两个天干一组？C.九数图和十数图各自对应几个方位？D.十数图的数字总和被认为是天地之数，这个数字是多少？

2.排列一下古代圣王的先后顺序

神农氏（　　） 伏羲氏（　　） 唐尧（　　） 虞舜（　　） 黄帝（　　）

3.填空

《易》之为书也_____，为道也_____，变动不居，周流_____，上下无常，刚柔_____，不可为典要，_____所适。其_____以度，_____使知惧，又明于_____与故，无有_____，如临父母。

河图洛书

《系辞》中所说的河图洛书应该是一个神话传说，图来自黄河，书来自洛水，都是从水中出来的。至于图和书的内容是什么，在很长一段时间内谁也说不清楚。按照名字理解，图应该是一幅图，书应该是一卷书。但到了宋代，有人画出了河图洛书，因此，宋代以后，河图洛书都成了图。其中一幅是根据九个数字画出的图，另一幅则是根据十个数字画出的图。至于哪一幅是河图，哪一幅是洛书，有不同的见解，但今天一般把右图也就是十数作为河图，把左图也就是九数作为洛书，这种划分方法应该是自朱熹以来的误读，因此，区分为九数图和十数图更为合理。而两幅图的根据差不多都来自《系辞》的描述。

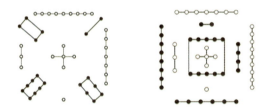

河图洛书图

11 说 卦

导读

《周易》最基本的内容是象、数、辞。《周易》当中的象有爻象和卦象，其中爻象非常简单，就是阴和阳，以及由阴阳衍生的许多和阴阳类似的状况。而卦象中的基础即八卦的卦象，也就是八卦所代表的我们可以通过感官感受到的现象。而《说卦》的内容就是论述八卦的卦象。其内容为三个递进的层次：首先探讨易和卦爻的原理和来源，其次列举八卦的基本象征意义，最后是由基本象征意义衍生出的象征意义。

原文

昔者圣人之作《易》也，幽赞①于神明而生蓍②，参天两地③而倚数，观变于阴阳而立卦，发挥于刚柔而生爻，和顺于道德而理于义，穷理尽性以至于命④。

昔者圣人之作《易》也，将以顺性命之理⑤。是以立天之道曰阴与阳，立地之道曰柔与刚，立人之道曰仁与义。兼三才而两之，故《易》六画而成卦⑥。分阴分阳，迭用柔刚，故《易》六位而成章。

天地定位⑦，山泽通气⑧，雷风相薄⑨，水火不相射⑩。八卦相错⑪，数往者顺，知来者逆⑫，是故《易》逆数也。

雷以动之，风以散之，雨以润之，日以烜⑬之，艮以止之，兑以说之，乾以君之，坤以藏之。

帝出乎震⑭，齐乎巽⑮，相见乎离⑯，致役乎坤⑰，说言乎兑⑱，战乎乾⑲，劳乎坎⑳，成言乎艮㉑。万物"出乎震"；震，东方也。"齐乎巽"；巽，东南也。

乾，健也。坤，顺也。震，动也。巽，入也。坎，陷也。离，丽㉒也。艮，止也。兑，说也。

《文王被困羑里作易图》　佚名

乾，天也，故称乎父。坤，地也，故称乎母。震一索㉓而得男，故谓之长男。巽一索而得女，故谓之长女。坎再索而得男，故谓之中男。离再索而得女，故谓之中女。艮三索而得男，故谓之少男。兑三索而得女，故谓之少女。

注释

❶ 幽赞：指暗地里的帮助，即表面上看不出来的帮助。　❷ 蓍：蓍草。蓍草被古人认为是最长寿的草，具有灵性，因此用蓍草作为占筮工具。　❸ 参天两地：即三天两地。古时三和参字是一个字，在天地代表的二中加上一个数就是三，这个加的过程就叫参。所谓三就是指奇数，所谓两就是指偶数。　❹ 穷理尽性以至于命：通过《易》探究义理天性，最终来探索天命。　❺ 顺性命之理：遵从天性天命之理。　❻ 兼三才而两之，故《易》六画而成卦：兼有天地人三才并各有阴阳，三乘二就是六画，因此每卦六爻。　❼ 天地定位：乾坤定天地上下之位，这是万物各得其位的前提。　❽ 山泽通气：山泽之间气息相通。　❾ 雷风相薄：电闪雷鸣、风雨交加，这是生命生成的一个必然过程。　❿ 水火不相射：水和火不相容。　⓫ 八卦相错：八种基本卦象互相交错。　⓬ 数往者顺，知来者逆：如果数已经发生的事，用的方法是顺着数来数；而如果推测未来发生的事，用的方法则是逆着数来数。　⓭ 烜：曝晒。　⓮ 帝出乎震：上帝安排万物生于震。　⓯ 齐乎巽：巽所处的方位是东南，对应的季节是春夏之交，这一时期世间万物慢慢开

始长得清新而齐备多样。 ⑯ 相见乎离：离是南方之卦，离为明，可以照见万物，在明媚的阳光下，万物可以相见。 ⑰ 致役乎坤：坤卦代表着大地，而万物都得益于大地的生养，大地就像任劳任怨的母亲。 ⑱ 说言乎兑：兑所处的方位是西方，而对应的季节是正秋，万物因收获而愉悦。 ⑲ 战乎乾：乾的位置在西北，而对应的季节是秋冬之际，正是阴阳交替时期，所以是阴阳互相交战的节点。 ⑳ 劳乎坎：坎所处的位置是北方，而对应的季节是冬季，冬季万物收藏，"万物之所归"则为劳。 ㉑ 成言乎艮：后天八卦到这里转了一圈，象征着一次轮回的完成。 ㉒ 丽：附丽。 ㉓ 索：数。

讲一讲

《说卦传》开篇讲圣人作《易》的来历，充满了传奇色彩。《说卦》认为，圣人作《易》，灵感来源于神明的帮助。蓍草的出现，可以被看作神明专门为圣人提供的。圣人用蓍草来建立天地之数，用卦爻来和谐顺从于道德而遵循于义理，探究义理天性，最终来探索天命，即尽性至命。

尽性至命之后，则是"顺性命之理"，而最基本的性命之理，就是凡事都有阴阳。天地人三才各有阴阳，分别称作阴阳、柔刚和仁义，"兼三才而两之"，三乘二就是六画，这就是六爻的来历。

那么，作为八卦的最基本卦象都是什么呢？

乾坤、艮兑、震巽、坎离分别对应的是：天地、山泽、雷风和水火。

除此之外，八卦还有各种对应的方位，实际上就是后天八卦所代表的方位。如果我们把八个方向画一个圆圈，这个圆圈是从东方的震开始的，然后顺时针旋转，分别是东南方的巽，南方的离，西南方的坤，西方的兑，西北方的乾，北方的坎，以及东北方的艮。八卦所代表的方向都与万物有一种动态的感应，分别是出、齐、相见、致役、说言、战、劳和成言。

知与行

1. 找出以下意象对应的八卦

A.

天（　　）　　　　地（　　）　　　　水（　　）　　　　火（　　）

雷（　　）　　　　风（　　）　　　　山（　　）　　　　泽（　　）

B.

父（　　）　　　　长男（　　）　　　中男（　　）　　　少男（　　）

母（　　）　　　　长女（　　）　　　中女（　　）　　　少女（　　）

2.后天八卦对应的方向是什么？

广见闻

先天八卦和后天八卦

据说伏羲氏始作的八卦是先天八卦，而文王所演的八卦则是后天八卦。先天八卦和后天八卦的排列顺序不同，视角方向也不同。

先天八卦虽然也有对应的方位，但以数字排列顺序为特征，所谓乾一、兑二、离三、震四、巽五、坎六、艮七、坤八。

后天八卦虽然也有对应的数字排列，但以方位排列为特征，即震东、巽东南、离南、坤西南、兑西、乾西北、坎北、艮东北，出自《说卦》。《周易》卦爻辞中所说的方位很可能是以此为标准。

先天八卦和后天八卦的视角也不同。先天八卦因为是先天存在，尚无人的参与，因此观察的视角是人作为旁观者站在圈外，由外向里看，卦爻符号是内为上，外为下；而后天八卦有人的参与，因此观察的视角是人作为参与者站在圈内，由内向外看，卦爻符号是外为上，内为下。

先天八卦　　　　　　　　后天八卦

12 序 卦

导 读

　　所谓《序卦》，就是讲《周易》六十四卦的顺序。其实早期的《周易》有不同的排列顺序，而《序卦》解读的顺序是我们常见的流通本的顺序。《序卦》对六十四卦顺序的解读，是赋予这种顺序以因果关系的意义，也就是说，从乾坤开始，六十四卦的每一卦都有因果关系，前一卦是后一卦的原因，后一卦是前一卦的结果。而对这种因果关系的阐述，反映了《易传》作者的思维模式和思维逻辑。

原 文

　　有天地，然后万物生焉。盈①天地之间者唯万物，故受之以屯。屯者，盈也。屯者，物之始生也。物生必蒙，故受之以蒙。蒙者，蒙也，物之稚②也。物稚不可不养也，故受之以需。需者，饮食之道也。

　　履而泰③，然后安，故受之以泰。泰者，通也。物不可以终通，故受之以否④。物不可以终否，故受之以同人。与人同者，物必归焉，故受之以大有。有大者不可以盈，故受之以谦。有大而能谦必豫⑤，故受之以豫。

有天地然后有万物，有万物然后有男女，有男女然后有夫妇，有夫妇然后有父子，有父子然后有君臣，有君臣然后有上下，有上下然后礼义有所错⑥。

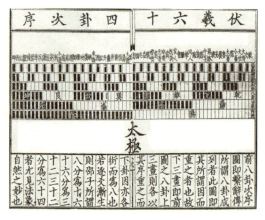

《伏羲六十四卦次序》

讲一讲

有了天地，天地之间就需要万物的登场。天地之间于是充满了万物，而屯就是充盈，所以，用屯卦来接续乾坤。屯，代表了物的始生，犹如人的童年，还处于懵懂的状态，所以屯卦接下来是蒙卦。蒙卦是山下出泉之象，山泉是江河的源头，也就是江河的童年，所以称作蒙。蒙表达的是没有阅历的懵懂和幼稚。蒙卦是物之稚，事物处在幼小的状态都需要蓄养、等待，所以，用需卦接在蒙卦之后。无论是庄稼还是蓄养的家畜，都需要一个等待的过程，所以需卦与饮食有关。

有了礼的践行，因此会通泰安定，因此接下来就是泰卦。泰卦象征着天地交泰。天地交泰之后，万物通行。然而，万物通行的局面不可能永远保持，总会出现闭塞的状态。而闭塞的状态就是否，所以接下来就是否卦。万物闭塞的状态同样不会永远保持，要想摆脱闭塞的不利局面，就需要大家同心同德，齐心协力，因此接下来是同人卦。肯与人同心协力，结果是"物必归焉"，物多了就是大有，因此接下来是大有卦。大有卦是太阳在天空之上普照大地，大地之上万物生长。不过，大有不可以太满，太满则有过，因此接下来是谦卦。谦卦是山在大地之下，象征着贤能之人能够以足够低的姿态对待他人。做一个谦谦君子，就可以获得真正的快乐。因此接下来是豫卦。

天地既象征着阴阳这一对物质的最基本元素，又象征着物质生成和存在的空间。有了阴阳的碰撞而产生了万物，物质世界因此得以呈现。有了物质的生成，才为生命的出现提供了基础。而《序卦》在这里用男女代表了生命世界中一切阳性和阴性，在动植物称之为雌雄，在人称之为男女。只有有了男女的交感才会有人类的繁衍和不断的发展，因此男女是人类社会最基本的要素。有了男女的相配，才有了夫妇之分，有了夫妇，家庭的出现才成为可能。有了稳固的家庭，就产生了父子之间的关系。有了父子关系构成的家庭结构，然后由一个个家庭组成了一个族群。有了族群，就需要一种秩序，这种秩序的基本构成就是上下君臣的关系。而君臣关系定位以后，就有了上下的秩序。有了上下的秩序，代表文明的礼仪才可以发挥作用。这一段实际上讲的是咸卦。

知与行

1. 根据十二消息卦，找出春夏秋冬第一个月对应的卦。再找出六个息卦分别对应的消卦，对比一下两者之间的异同。

2. 排列顺序

有万物然后有男女（　　）　　有天地然后有万物（　　）　　有男女然后有夫妇（　　）　　有夫妇然后有父子（　　）　　有父子然后有君臣（　　）　　有上下然后礼义有所错（　　）　　有君臣然后有上下（　　）

广见闻

十二消息卦

十二消息卦又叫十二辟卦。是从《周易》六十四卦中，挑选出顺序特征特别明显的十二卦，来象征大自然当中根据季节的不同变化，阴气和阳气之间的消长。这十二卦分别是：

复☷☷ 临☷☷ 泰☷☷ 大壮☷☷ 夬☷☰ 乾☰☰

姤☰☴ 遯☰☶ 否☰☷ 观☷☴ 剥☷☶ 坤☷☷

其中从复到乾是息卦，息就是生长、增长的意思。从姤卦到坤卦是消卦，消就是消亡、消减的意思。阳气是生命之气，阴气是死亡之气。阳气从复卦开始出现，然后一爻一爻生长，一直到乾卦。乾卦阳气长满，长满则物极必反，然后开始消减，从姤卦一阴始生开始，一爻一爻消减，最后完全消失，到达坤卦，变成全阴卦。

息卦从复卦开始，复卦是一阳来复。坤是六根阴爻，复从下面开始出现阳气，变成了一根阳爻在下，表现出阳气开始重新出现的状态。复卦一阳始生，稚嫩脆弱，势力还十分单薄，《象传》称其状态为"刚反"，刚之气刚刚返回，是一种苗头而已，表面上呈现不出气候。比如冬至前后，已经进入阳气始生的阶段，但我们还要承受一个漫长的冬天。

复卦之后，在复卦一根阳爻的基础上再增加一根阳爻，变成了二阳四阴，实力上虽然还处于劣势，但阳气上升到九二爻，确立了一种趋势，所以《象传》说："临，刚浸而长。"

阳气上升到第三爻，情况发生了翻天覆地的变化，三根阳爻的出现形成了与阴气势均力敌的局面，虽然表面看起来是一种均势，但其实各自的趋势已经大不相同，一个在强劲上升，一个在走向衰落。三根阳爻自下而来，这种局面就叫作三阳开泰，这一卦就是泰卦。

然后经过大壮卦和夬卦的继续上升，最后到达满阳的乾卦。

乾卦到达极限，开始进入消卦。姤卦一阴始生，然后经过遯、否、观、剥，最终到达坤卦。坤为满阴无阳，是一种极端状态，当然要走向反面，一阳来复，进入一轮新的轮回。

世上万事万物都在循环往复地经历着这个过程。

⑬ 计 篇

导 读

　　《孙子兵法》（或简称《孙子》）是中国第一部探索战争规律的战争学著作。孙子认为，战争胜负的决定因素主要有两个方面：一是道义，二是军事实力。

　　《孙子兵法》共十三篇，本书选取了其中的六篇，即《计篇》《作战篇》《谋攻篇》《形篇》《势篇》《虚实篇》，其中《计篇》和《虚实篇》为选读，其余为全文。

　　《计篇》的计，意为计算、汇总有关战争的各种数据，用现在的话说，就是战争统计学。有了大数据作为依据，才可以打有把握的仗。《计篇》的核心思想就是"算"。所谓算，就是比较战争双方优势筹码的多寡。孙子认为，战争的胜负最终靠的不仅是实力，比实力更为重要的是战争的智慧。而在《计篇》中摆在首位的智慧，就是从道的高度出发的智慧。

原 文

　　孙子曰：兵①者，国之大事②，死生之地，存亡之道③，不可不察也。

　　故经④之以五事⑤，校之以计⑥，而索其情⑦。一曰道，二曰天，三曰地，四曰将，五曰法。道者，令民与上同意⑧也，故可以与之死，可以与之生，而不畏危⑨。天者，阴阳、寒暑、时制⑩也。地者，远近、险易⑪、广狭⑫、死生也。将者，智、信、仁、勇、严⑬也。法者，曲制⑭、官道⑮、主用⑯也。凡此五者，将莫不闻，知之者胜，不知者不胜。

故校之以计，而索其情，曰：主孰有道⑰？将孰有能？天地孰得？法令孰行？兵众孰强？士卒孰练？赏罚孰明？吾以此知胜负矣。

兵者，诡道⑱也。故能而示之不能，用而示之不用，近而示之远，远而示之近⑲；利而诱之，乱而取之，实而备之，强而避之，怒而挠之，卑而骄之，佚而劳之，亲而离之。攻其无备，出其不意。此兵家之胜，不可先传也⑳。

夫未战而庙算㉑胜者，得算多也；未战而庙算不胜者，得算少也。多算胜，少算不胜，而况于无算乎？吾以此观之，胜负见矣。

《平定准部回部得胜图·鄂垒扎拉图之战》　［意］郎世宁

注 释

① 兵：初指兵器，引申为战争。 ② 国之大事：国家的大事。 ③ 死生之地，存亡之道：死生，指的是士兵的死生、百姓的死生；存亡，指的是社稷的存亡、国家的存亡。

④ 经：织布竖向的线为经。这里的经字是动词，意思是权衡、条理、分析。 ⑤ 五事：指后文的道、天、地、将、法。 ⑥ 校之以计：对战争的各种数据进行比对分析。校，比较。 ⑦ 索其情：探索其中的情况。"索"的本义是绳索，在这里作动词用，意为探索。 ⑧ 民与上同意：百姓和上层统治者同心同德。 ⑨ 而不畏危：置之危险境地而无所畏惧。 ⑩ 时制：指四季的变化。春夏秋冬，每个季节都有不同的备战和战争策略。

⑪ 险易：险恶的地形和平坦的地形。 ⑫ 广狭：指作战区域的大小。 ⑬ 智、信、仁、勇、严：智，指有智谋，靠头脑去打仗；信，指有信义，在军队中主要指赏罚分明；仁，指仁慈，对百姓仁慈，对士兵仁慈，甚至对征服地人民仁慈；勇，指勇敢；严，指军令严明、纪律严明。 ⑭ 曲制：指部队的建制。 ⑮ 官道：指部队各级官员的职责和任用制度。 ⑯ 主用：指部队军需物资等各种管理制度。 ⑰ 主孰有道：战争双方谁的主导者更有道。 ⑱ 诡道：诡诈之术。 ⑲ 近而示之远，远而示之近：这是在方位上对敌人的迷惑，其实就是声东击西的战术。 ⑳ 此兵家之胜，不可先传也：这是军事家取得战争胜利的奥妙所在，要根据战场上瞬息万变的情况灵活应对，不可事先预定。 ㉑ 庙算：指在没有开战之前，对战争胜负筹码的权衡。也就是用算筹摆出战争的胜负。算，算筹。

知与行

1.《计篇》中的"五事七情"分别有哪些？

2. 经和纬概念的使用非常广泛，直到现在还在使用。请举出一到两个和经纬有关系的例子。

3. 算筹是中国最古老的计算工具。可用牙签、木棍等物自制一副算筹，做一次"庙算"。比如以某一场球赛为例，分析两队在各个方面的条件对比，并对不同的条件做出不同分值的规定，一个分值对应一个算筹，然后一组一组做对比。如果甲方占优，就把算筹放在甲方的盒子里；如果乙方占优，就把算筹放在乙方的盒子里。得到算筹多的一方胜，得到算筹少的一方不胜。由此来预测胜负结果。

4. 填空

兵者，_____也。故能而示之_____，用而示之_____，近而示之_____，远而示之_____；利而_____之，乱而_____之，实而_____之，强而_____之，怒而_____之，卑而_____之，佚而_____之，亲而_____之。攻其_____，出其_____。此兵家之胜，不可_____也。

夫未战而_____胜者，得算多也；未战而庙算不胜者，得算少也。_____胜，_____不胜，而况于_____乎？吾以此观之，_____见矣。

广见闻

关于"道"的概念

"道"是古代中国一个重要的概念。最早的"道"字是一个"行"字中间有一个"首"，有的下面还加了一只脚。"行"的早期字形是一个十字路口的简笔画，本义是道路。道路中间有一个头，下面还有一只脚，组合在一起，意思是头脑在行走。

那么，是谁的头脑在行走？原来是老天的头脑在行走。从造字的本义来看，古人认为，道虽然是一种不可抗拒的力量，但又带有明显的意志性。《易传》说："形而上者谓之道。"老子也认为，道是先于天地而无时无地不在发挥作用的一种存在。

《孙子》一开篇讲"经之以五事，校之以计"，"五事"当中，排在第一位的就是"道"。因此，"道"也是孙子思想的核心和出发点。

14 作战篇

导 读

　　《作战篇》不是讲如何作战，而是讲战前的军事准备，相当于今天的军备。"作"的本义是起，意思是开始运作。作战，就是开始为战争做准备，也就是筹措军备。《作战篇》的主旨，是告诉人们，战争是一件高成本的事，对国力和民力都会形成重大影响。所以，能不打的仗，尽量不要打；能用非军事手段赢得的战争，尽量采取非军事手段。非打不可的仗，则要力求速战速决，从而做到最大限度地节约战争成本。

原 文

　　孙子曰：凡用兵之法，驰车①千驷②，革车③千乘④，带甲⑤十万，千里馈粮⑥，则内外之费⑦，宾客之用⑧，胶漆之材⑨，车甲之奉⑩，日费千金，然后十万之师举矣。

　　其用战也胜，久则钝兵挫锐⑪，攻城则力屈，久暴师⑫则国用不足。夫钝兵挫锐，屈力殚货⑬，则诸侯乘其弊而起，虽有智者，不能善其后矣。故兵闻拙速，未睹巧之久也⑭。夫兵久而国利者，未之有也。故不尽知用兵之害者，则不能尽知用兵之利也。

《阿玉锡持矛荡寇图》（局部）　［意］郎世宁

善用兵者，役不再籍⑮，粮不三载⑯；取用于国⑰，因粮于敌⑱，故军食可足也。

国之贫于师者远输⑲，远输则百姓贫。近于师者贵卖，贵卖则百姓财竭，财竭则急于丘役⑳。力屈财殚㉑，中原㉒内虚于家㉓。百姓之费，十去其七㉔；公家之费，破车罢马㉕，甲胄矢弩㉖。戟楯蔽橹㉗，丘牛大车㉘，十去其六。

故智将务食于敌㉙。食敌一钟㉚，当吾二十钟；芑秆㉛一石㉜，当吾二十石。

故杀敌者，怒也㉝；取敌之利者，货也㉞。故车战，得车十乘已上，赏其先得者，而更其旌旗㉟，车杂而乘之㊱，卒善而养之㊲，是谓胜敌而益强。

故兵贵胜，不贵久㊳。故知兵之将，生民之司命㊴，国家安危之主也。

注 释

① 驰车：跑得快的轻车，指用于两军对战的战车。 ② 驷：本义是四匹马。古代战车的配置，是四匹马拉一辆车。因为一辆车的畜力是四匹马，所以，"驷"字就变成了战车的量词，一辆战车就是一驷。 ③ 革车：用皮革装饰的重车，是用来装载辎重的车，比如战略物资或者人畜用的粮草等。 ④ 乘 ：量词，意思同"驷"，四匹马拉的一辆车。 ⑤ 带甲：代指士兵。因为古代的士兵都需要佩戴盔甲，所以用带甲来代指士兵。 ⑥ 馈粮：在这里指运送粮食。 ⑦ 内外之费：指前线后方的各种费用。 ⑧ 宾客之用：是指接待使节等费用。 ⑨ 胶漆之材：指制作和维修各种兵器的胶漆等各种耗材。 ⑩ 车甲之奉：指战车和士兵的费用。 ⑪ 钝兵挫锐：兵器钝了就不好用了，锋芒磨掉了也就没有威力了。 ⑫ 久暴师：意为长期用兵。暴，本义为暴露，在这里引申为在外。 ⑬ 屈力殚货：指人力、财力的枯竭。 ⑭ 兵闻拙速，未睹巧之久也：意为看起来很笨，但行动迅速，这是打胜仗的法宝；如果把战争拖得太久，头脑再灵巧也无济于事。 ⑮ 役不再籍：意为不能反复征兵。役，兵役。籍，兵籍的登记造册。 ⑯ 粮不三载：意为不能多次地运粮。 ⑰ 取用于国：是指武器装备从国内取用。 ⑱ 因粮于敌：指粮草在交战地的敌国解决。 ⑲ 国之贫于师者远输：国家因为打仗而造成贫困的主要原因，就是长途运输带来的损耗。 ⑳ 丘役：以丘为单位的赋役。丘，是古代一级行政单位。按照古代的行政制度，四井为一邑，四邑为一丘，四丘为一甸。一般赋税都是以丘为单位。 ㉑ 力屈财殚：军力和财力都耗尽。军力耗尽叫屈，财力耗尽叫殚。 ㉒ 中原：这里指的是本国。 ㉓ 内虚于家：百姓家中财富空虚。 ㉔ 十去其七：损耗百分之七十。 ㉕ 破车罢马：破和罢在这里都是动词。破车，车的损坏。罢马，意思是马因为疲惫而造成伤病。罢，通"疲"，疲劳。 ㉖ 甲胄矢弩：甲，铠甲。胄，头盔。矢，箭。弩，一种用机括发射的弓，比人力拉的弓结构要复杂一些。这里的弩，泛指弓弩等各种武器。 ㉗ 戟楯蔽橹：戟，一种长兵器，是戈和矛的合体，既可以刺，也可以勾。楯，盾牌。蔽橹，一种用于屏蔽对方进攻、面积比较大的盾牌。 ㉘ 丘牛大车：应该指装载军备物资的革车，也就是辎重车。丘是大的意思。 ㉙ 智将务食于敌：有智谋的将领，会致力于就食于敌。也就是从敌人那里获得粮食。 ㉚ 钟：古代的计量单位。一钟等于六斛四斗。而一斛等于十斗，那么六斛四斗就是六十四斗。 ㉛ 苣秆：豆秸。这里指

畜力的饲料。 ㉜ 石：古代的计量单位。一石等于十斗。 ㉝ 杀敌者，怒也：意为调动士气的方式之一，即激怒本方的士兵。 ㉞ 取敌之利者，货也：意为要想得到敌人的物资，就要有把抢来的货物奖给士兵的政策，从而实现因粮于敌的目的。 ㉟ 更其旌旗：把对方的旌旗更换为我方的旌旗。 ㊱ 车杂而乘之：把俘获来的战车混编到自己的车阵当中。 ㊲ 卒善而养之：善待俘虏，并养以为用。 ㊳ 兵贵胜，不贵久：打仗最重要的是取得战争的胜利，而不看重时间的持久。 ㊴ 生民之司命：百姓生死的掌握者。

知与行

1. 总结一下，战争中都需要哪些费用？

2. 长期战争都有哪些危害？

3. 填空

其用战也胜，_____则钝兵挫锐，_____则力屈，_____则国用不足。夫钝兵挫锐，_____殚货，则诸侯_____而起，虽有_____，不能善其后矣。故兵闻_____，未睹_____也。夫兵久而国利者，_____也。

广见闻

千乘之国

春秋时期，中国还没有骑兵，作战主要靠车兵和步兵。而车战往往是战争中最重要的作战手段，所以，在古代战争中，战车的地位非常重要。一个国家的军事实力，往往是以战车的数量为衡量标准。每一辆战车称作一乘。国家的大小往往以战车的多少乘来划分，比如百乘之国、千乘之国、万乘之国。万乘之君差不多就是天子了。

15 谋攻篇

导 读

　　《谋攻篇》主张"上兵伐谋""不战而屈人之兵"，强调谋略在战争中的重要性。孙子一向贬低武力的作用，更看重头脑的力量。因为用头脑作战是最节约成本的方式，也是避免杀戮的最人道的方式。这种方式既可以保存国力，又可以保全更多人的生命，也被孙子奉为最高境界的用兵之法。

原 文

　　孙子曰：夫用兵之法，全国①为上，破国②次之；全军为上，破军次之；全旅为上，破旅次之；全卒为上，破卒次之；全伍为上，破伍次之。是故百战百胜，非善之善者也；不战而屈人之兵③，善之善者也。

《平番得胜图卷》（局部）　明·佚名

　　故上兵④伐谋⑤，其次伐交⑥，其次伐兵⑦，其下攻城。攻城之法，为不得已。修橹⑧<ruby>轒辒<rt>fèn wēn</rt></ruby>⑨，具器械，三月而后成，距闉[10]，又三月而后已。将不胜其忿[11]而蚁附之[12]，杀士三分之一，而城不拔者，此攻之灾也。

故善用兵者，屈人之兵而非战也，拔人之城而非攻也，毁人之国而非久也，必以全争于天下。故兵不顿而利可全[13]，此谋攻之法也。

故用兵之法，十则围之[14]，五则攻之[15]，倍则分之[16]，敌则能战之[17]，少则能逃之[18]，不若则能避之。故小敌之坚，大敌之擒也。

夫将者，国之辅[19]也。辅周[20]，则国必强；辅隙[21]，则国必弱。

故君之所以患于军者三：不知军之不可以进而谓之进，不知军之不可以退而谓之退，是谓"縻军[22]"；不知三军之事，而同三军之政者，则军士惑矣；不知三军之权，而同三军之任，则军士疑矣。三军既惑且疑，则诸侯之难至矣，是谓"乱军引胜[23]"。

故知胜有五：知可以战与不可以战者胜，识众寡之用者胜[24]，上下同欲者胜[25]，以虞待不虞者胜[26]，将能而君不御者胜[27]。此五者，知胜之道也。

故曰：知彼知己者，百战不殆[28]；不知彼而知己，一胜一负；不知彼，不知己，每战必殆。

注 释

[1] 全国：意为把整个国家在没有受到任何破坏的情况下，完整地拿下来。全，动词，保全。 [2] 破国：指在使对方国家受到破坏的情况下打败对方。 [3] 不战而屈人之兵：不使用战争手段而使对方军队屈服。 [4] 上兵：最佳的战争手段。 [5] 伐谋：较量谋

略。 ⑥ 伐交：较量外交。 ⑦ 伐兵：较量兵力。 ⑧ 修橹：大而长的盾牌。 ⑨ 轒辒：古代的一种攻城器具，上面用木头构造，外面蒙上牛皮，用以抵挡城上的士兵射的箭和抛下的石头。底下安有四个车轮，便于移动。士兵藏在下面推车前进，主要用它来运土，填埋城外的壕沟，以及往高处堆土。 ⑩ 距堙：意为在城外逐渐地堆土，以便于士兵攻上城墙。 ⑪ 不胜其忿：控制不住愤怒的情绪。 ⑫ 蚁附之：像蚂蚁一样爬附在城墙上。 ⑬ 兵不顿而利可全：意为军队不受到损失而使利益最大化。 ⑭ 十则围之：当我方的兵力十倍于敌人，则以优势兵力包围敌人。 ⑮ 五则攻之：当我方的兵力是对方的五倍，则向对方发起强攻，用优势兵力打败对方。 ⑯ 倍则分之：当我方的兵力两倍于对方，则把敌方的兵力进行切割，然后分别实施打击。 ⑰ 敌则能战之：当与对方兵力势均力敌时，则可以选择一战。这是选择与敌人交战最低的兵力限度。 ⑱ 少则能逃之：当兵力比对方少时，则能选择退却。 ⑲ 国之辅：国君的助手。 ⑳ 辅周：辅佐周全。 ㉑ 辅隙：辅佐不周全，有漏洞。 ㉒ 縻军：羁绊军队。 ㉓ 乱军引胜：乱自己的军队，引导别人战胜自己。 ㉔ 识众寡之用者胜：知道如何调动和使用兵力的人能取得胜利。 ㉕ 上下同欲者胜：统帅和士兵想法一致，志向一致，同心协力的人能取得胜利。 ㉖ 以虞待不虞者胜：以有准备的军队去打没有准备的军队，能取得胜利。 ㉗ 将能而君不御者胜：军队的统帅有才能，而国君不加干涉的能取得胜利。 ㉘ 殆：危殆，意为不良的情况，在这里指失败。

知与行 ○○

1. 查阅资料，请举出历史上"不战而屈人之兵"的成功战例。

2. 孙子把战争手段分为哪四个档次？

3. 战前分析的三种境界"知彼知己""不知彼而知己""不知彼，不知己"对应的战争结果分别是什么？

广见闻

古代战例：王霸"不战而屈人之兵"

建武四年秋天，光武帝派王霸和捕虏将军马武讨伐周建。苏茂率兵前去支援周建，他先派精锐骑兵拦截马武的军粮，马武前往援救。周建从城中杀出来夹击马武，马武因为有王霸做援兵，打得不卖力气，结果被苏茂、周建打败。马武的人向王霸求救，王霸的答复是："敌人太强大，我打也打不过，你们好自为之吧。"然后关起大营只守不攻。

手下的人劝他出手，王霸说："苏茂的部队很能打仗，人数又多，所以我们的士兵都有畏惧心理。而捕虏将军和我地位对等，谁也不是谁的上级，互相不好调遣。两军不能协调作战，很难打赢敌人。现在关门死守，不去援救，有两个好处：第一，敌人打了胜仗，一定会轻敌冒进，容易犯错误；第二，捕虏将军见没有救兵，不得不自保，自然会打得很努力。等两面都消耗得差不多了，我们就可以乘敌人疲惫之时，战胜敌人。"

之后的战局果然不出王霸的预料，苏茂、周建全力攻打马武，双方形成胶着态势。而王霸的军队看着友军打得极其艰苦，而自己只能袖手旁观，求战的欲望越来越强烈。王霸感觉时机已经成熟，下令打开营门，派精锐骑兵突袭敌人的背后。苏茂、周建受到前后夹击，被打得大败逃窜。

不久，苏茂、周建又纠集部队，到王霸的大营前来挑战。王霸死守不出，手下的人说："苏茂昨天刚被打败，现在正是消灭他的最好机会。"

王霸说："苏茂的部队从远方来，粮食供给是个大问题。他屡次挑战，就是想速战速决。而我们现在守在大营中不去应战，就是要拖垮对手。兵法上说：不战而屈人之兵，善之善者也。"

结果这天夜里，周建的侄子周诵反叛，关闭城门拒绝周建入城，苏茂、周建被迫逃走，周诵率城投降。王霸不费一兵一卒打败了对手。

⑯ 形 篇

　　《形篇》讲的是战争中表现出来的形，这个形是攻守选择的依据。《形篇》中讲到的形，有有形之形，也有无形之形。而具有大智慧的人，也就是孙子所说的"善之善者"，不仅可以看到有形之形，而且有能力看到无形之形。因为"善之善者"胜在战争发生之前，"胜于易胜者也"，看起来很容易，因此，"无智名，无勇功"，不为常人所理解。

原 文

　　孙子曰：昔之善战者[①]，先为不可胜[②]，以待敌之可胜[③]。不可胜在己，可胜在敌[④]。故善战者，能为不可胜，不能使敌之可胜。故曰：胜可知，而不可为。

　　不可胜者，守也[⑤]；可胜者，攻也[⑥]。守则不足，攻则有余[⑦]。善守者，藏于九地之下[⑧]；善攻者，动于九天之上[⑨]，故能自保而全胜也。

《平定准部回部得胜图·阿尔楚尔之战》　　［意］郎世宁

见胜不过众人之所知，非善之善者也⑩；战胜⑪而天下曰善，非善之善者也。故举秋毫不为多力⑫，见日月不为明目⑬，闻雷霆不为聪耳⑭。古之所谓善战者，胜于易胜者也。

故善战者之胜也，无智名，无勇功⑮。故其战胜不忒（tè）⑯，不忒者，其所措必胜，胜已败者也⑰。故善战者，立于不败之地，而不失敌之败⑱也。

是故胜兵先胜⑲而后求战，败兵先战⑳而后求胜。善用兵者，修道而保法㉑，故能为胜败之政。

兵法：一曰度㉒，二曰量㉓，三曰数㉔，四曰称㉕，五曰胜㉖。地生度，度生量，量生数，数生称，称生胜。故胜兵若以镒（yì）称铢（zhū）㉗，败兵若以铢称镒㉘。胜者之战民也，若决积水于千仞（rèn）之溪者㉙，形也。

注释

❶ 昔之善战者：意为过去会打仗的人，也就是那些经过历史验证过的高明的军事家。

❷ 先为不可胜：意为首先做到自己不会被敌人打败，保证自己没有漏洞，不犯错误。

❸ 以待敌之可胜：意为等待敌人给我方打败对手的机会，也就是等待敌人犯错，等待敌人露出破绽。 ❹ 不可胜在己，可胜在敌：自己会不会被打败自己说了算，敌人会不会被打败是敌人说了算。 ❺ 不可胜者，守也：通过严密的防守，不给敌人以可乘之机，就能做到不可胜。 ❻ 可胜者，攻也：只要敌人有了可乘之机，就可以通过进攻战胜敌人。 ❼ 守则不足，攻则有余：这是一种军事力量的权衡。如果本方的军力不足以和对方抗衡，那么，防守是一种正确的选择。只有当本方的军力超过对方，也就是和对方相比，本方的军力有余，这时候才可以选择进攻。 ❽ 善守者，藏于九地之下：善于防守的，对方根本找不到本方的攻击点，本方的军队就像在大地之上凭空消失了一

样。 ⑨ 善攻者，动于九天之上：善于进攻的，进攻态势犹如从天而降，凶猛而强大，由此保全自己、消灭敌人。 ⑩ 见胜不过众人之所知，非善之善者也：见胜，战争之前预见战争的胜利。作为一个战争的指挥者，如果预见战争胜负的能力不能超越普通人的认知，就不是一个卓越的军事指挥家。 ⑪ 战胜：在实际战争中取得胜利。 ⑫ 举秋毫不为多力：能举起一根鸟兽在秋天新长的细毛，不能说明力量很大。 ⑬ 见日月不为明目：能看见太阳和月亮，不能说明视力了不起。 ⑭ 闻雷霆不为聪耳：能听见震耳欲聋的雷声，不能说明听力非常出色。 ⑮ 善战者之胜也，无智名，无勇功：善于用兵的军事指挥家所打的胜仗，看起来都很容易，因此他们看起来没有智慧的名声，没有勇猛作战的功绩，给人的感觉是平淡无奇。 ⑯ 战胜不忒：意为战胜和见胜的完全吻合，战胜只是见胜的一种兑现。忒，差错、有出入、不吻合。 ⑰ 不忒者，其所措必胜，胜已败者也：不忒就是指挥者实施的措施，都是按照一定能打胜仗的事先已知的套路在布局，被打败的敌人其实在战争发生之前已经败了。 ⑱ 不失敌之败：不错失对方被打败的机会。 ⑲ 先胜：开战之前已有了必胜的把握，然后在交战中兑现胜利。 ⑳ 先战：战前未作分析对比而直接进入战争状态。 ㉑ 修道而保法："道"和"法"指《计篇》"经之以五事"中的"一曰道，二曰天，三曰地，四曰将，五曰法"。从修道到保法，说的就是这五件事。 ㉒ 度：本义是用尺子丈量。 ㉓ 量：本义是用量器称量谷物的容积。 ㉔ 数：指度和量之后得到的数据。 ㉕ 称：意为权衡比较，对前面这些数据进行分析。 ㉖ 胜：指分析之后得出的结论，这个结论就是战争之前表现出战争结果的形。 ㉗ 以镒称铢：以多对待少。"镒"和"铢"都是古代的重量单位，而且是相差悬殊的重量单位。一镒是二十两（一说二十四两），一两是二十四铢。 ㉘ 以铢称镒：以少对待多。 ㉙ 若决积水于千仞之溪者：就像在千仞之高的地方掘开溪水的缺口，千仞之水自天而下，不可阻挡。仞，古代高度的计量单位，约等于古代的七尺或八尺。

知与行 ◯◯

1. 在本篇中找一下"善战者"和"善用兵者"的特点，以及"非善之善者"都有哪些。

2.查阅资料，找一到两个"先为不可胜，以待敌之可胜"的战例。

 广见闻

孙子之谜

《孙子兵法》是否是孙子所著？孙子是否确有其人？历史上曾经有过争论。

为什么会出现这两个问题呢？原因是历史上有两个孙子，一个是春秋末年的吴孙子孙武，一个是战国时期的齐孙子孙膑。

孙武其实也是齐人，后来隐居在吴国，主要功业也发生在吴国，所以后世称作吴孙子。孙膑是孙武的后人，在齐威王时代率领齐军，屡次打败强大的魏国军队，立下赫赫战功。而历史上记载，两个人都写过兵法著作。

那么，传世的《孙子兵法》到底是孙武所作，还是孙膑所作？孙武其人历史上记载得非常简略，因此更接近于一个传说人物。有人据此推断，所谓孙子，其实就是孙膑，而《孙子兵法》应该是孙膑的作品。

直到20世纪70年代初，事情出现了转机。考古人员在山东临沂一个叫银雀山的地方发掘了一座汉墓，发现了震惊世界的一大批汉简。其中最令人振奋的是，汉墓同时出土了《孙武兵法》和《孙膑兵法》，终于揭开了这个千年的谜团。孙武和孙膑的确都曾经留下了兵法，而传世的这一部《孙子兵法》，的确为孙武所作。

17 势 篇

导读

　　《势篇》的主旨是如何造势和任势。而在造势和任势当中，最为重要的是对奇正转换的把握。如何利用奇正的转换，是战术层面决定战争走向的关键因素。所谓的奇正转换，实际上就是在战场上对战术的灵活运用，由此产生无穷无尽的战术变化，使敌人无法应对。而势的形成来源于形，形的高低落差蓄积了势能，所以，顺应战争规律，有效地造势和任势非常重要。

原文

　　孙子曰：凡治众如治寡^①，分数^②是也；斗众如斗寡^③，形名^④是也；三军之众，可使必受敌而无败者，奇正^⑤是也；兵之所加，如以碫投卵^⑥（duàn）者，虚实是也。

　　凡战者，以正合^⑦，以奇胜^⑧。故善出奇者，无穷如天地，不竭如江海。终而复始，日月是也；死而更生，四时是也^⑨。声不过五，五声^⑩之变，不可胜听^⑪也；色不过五，五色^⑫之变，不可胜观也；味不过五，五味^⑬之变，不可胜尝也；战势不过奇正，奇正之变，不可胜穷也。奇正相生，如循环之无端，孰能穷之^⑭！

《倭寇图卷》（局部）　明·仇英

激水之疾，至于漂石者，势也[15]；鸷（zhì）鸟之疾，至于毁折者，节也[16]。故善战者，其势险[17]，其节短[18]。势如彍（guō）弩，节如发机[19]。

纷纷纭纭[20]，斗乱而不可乱；浑浑沌沌[21]，形圆而不可败[22]。乱生于治，怯生于勇，弱生于强。治乱，数也[23]；勇怯，势也[24]；强弱，形也[25]。

故善动敌者，形之，敌必从之[26]；予之，敌必取之[27]。以利动之，以卒待之[28]。故善战者求之于势，不责于人，故能择人而任势。任势者，其战人也，如转木石[29]。木石之性，安则静，危则动；方则止，圆则行。故善战人之势，如转圆石于千仞之山[30]者，势也。

注 释

① 治众如治寡：治理人数众多的军队和治理人数少的军队相同。　② 分数：把队伍划分成不同层次的建制。　③ 斗众如斗寡：与人数众多的敌人作战和与人数少的敌人作战相同。　④ 形名：指作战时白天用的旌旗和晚上用的金鼓。　⑤ 奇正：出奇与正规。正即正规、正常、正面，奇即非正规、非正常、侧面。　⑥ 以碫投卵：用石头击打鸡蛋，意为以实击虚。碫的本义是磨刀石，在这里泛指石头。卵，指各种卵生动物的蛋，比如鸡蛋。　⑦ 以正合：意为以正相合。比如双方面对面摆好阵势。　⑧ 以奇胜：意为以超出常规思路的战法制胜。　⑨ 死而更生，四时是也：意为春夏秋冬四季循环往复，草木则根据季节的变化，重复着枯荣死生的循环。　⑩ 五声：宫、商、角、徵、羽五个基本音节。　⑪ 不可胜听：多得听不过来。　⑫ 五色：青、黄、赤、白、黑五个基本色彩。　⑬ 五味：酸、甜、苦、辣、咸五种基本味道。　⑭ 奇正相生，如循环之无端，孰能穷之哉：奇正的相生形成的变化，就像没有尽头的循环，谁也无法穷尽。　⑮ 激水之疾，至于漂石者，势也：如果水流湍急，水势浩大，就可以把石头漂起来，这就是势的能量。　⑯ 鸷鸟之疾，至于毁折者，节也：鹰隼一类的猛禽捕杀猎物，能做到迅疾凶猛，一击致命，是因为掌控了顺势而为的节奏。　⑰ 势险：指巨大的高低落差。　⑱ 节短：意为节奏的时机往往就在瞬间。　⑲ 势如彉弩，节如发机：势就像拉满弦的弓，而节就像发射箭的扳机。彉，拉满弓弦。弩，用机括发射箭的弓。机，弩的扳机。　⑳ 纷纷纭纭：旌旗交错的样子，这是战场上一种混乱局面的表现。　㉑ 浑浑沌沌：也是一种混乱局面。常用来形容天地生成之前的一种态势。　㉒ 形圆而不可败：形圆则动，动则产生变化，产生变化则不可败。　㉓ 治乱，数也：是治还是乱，在于军队组织建制的健全与否。　㉔ 勇怯，势也：是勇还是怯，在于军队表现出的气势。　㉕ 强弱，形也：是强还是弱，在于军队表现出的形态。　㉖ 形之，敌必从之：示敌人以形，如果所示之形能够以假乱真，敌人就一定会按照我方的意图去行动。　㉗ 予之，敌必取之：示敌人以利，故意摆出敌人想要的东西让对方去取，敌人就一定会来取。　㉘ 以利动之，以卒待之：以利益来调动敌人，布置兵力等待消灭敌人的机会。　㉙ 任势者，其战人也，如转木石：会利用势的统帅，指挥军队与敌人作战，就像转动木石一样。　㉚ 如转圆石于千仞之山：如同在千仞之高的山上转动圆石。

知与行 ○○

1. 查阅资料，画出五行生克图。

2. 画出五方、五季、五脏、五声、五色、五味和五行的对应图。

3. 填空

凡战者，以_____合，以_____胜。故善出奇者，无穷如_____，不竭如_____。终而复始，_____是也。死而更生，_____是也。

激水之疾，至于漂石者，_____也；鸷鸟之疾，至于毁折者，_____也。故善战者，其势_____，其节_____。_____如彍弩，_____如发机。

任势者，其战人也，如转_____。木石之性，安则_____，危则_____；方则_____，圆则_____。故善战人之势，如转_____于千仞之山者，势也。

广见闻 ○○

中国古代的五行思想

五行是中国古代哲学思想中的一个重要的观念。所谓五行，即水、火、木、金、土。其中有相生和相胜（或相克）的关系。从相生来讲，是水生木、木生火、火生土、土生金、金生水。从相胜（即相克）的关系来讲，则是水克火、火克金、金克木、木克土、土克水。而五行又可以对应世间的一切，比如五方、五季、五脏、五声、五色、五味等。

⑱ 虚实篇

导 读

　　《虚实篇》讲的是军力的虚实。战争的博弈是控制与反控制的转换，如果在两军的对峙当中，总是能掌握战争的主动权，控制对方而不被对方控制，就可以主导战争胜负的趋势和方向。而想得到战争博弈中的控制权，就需要做到在动态的战局当中，总是处于以我之实攻敌之虚。这就是《虚实篇》的主旨。

原 文

　　孙子曰：凡先处战地而待敌者佚，后处战地而趋战者劳，故善战者，致人①而不致于人②。能使敌人自至者，利之也；能使敌人不得至者，害之也。故敌佚能劳之，饱能饥之，安能动之。出其所不趋③，趋其所不意④。行千里而不劳者，行于无人之地也。

　　攻而必取者，攻其所不守⑤也；守而必固者，守其所不攻⑥

《抚远大将军西征图卷》（局部）　清·佚名

69

也。故善攻者，敌不知其所守；善守者，敌不知其所攻。微乎微乎，至于无形；神乎神乎，至于无声，故能为敌之司命⑦。

进而不可御者，冲其虚也⑧；退而不可追者，速而不可及也⑨。故我欲战，敌虽高垒深沟，不得不与我战者，攻其所必救也；我不欲战，画地而守之，敌不得与我战者，乖其所之⑩也。

故形人⑪而我无形⑫，则我专而敌分⑬。我专为一，敌分为十⑭，是以十攻其一也，则我众而敌寡；能以众击寡者，则吾之所与战者，约矣⑮。

故形兵⑯之极，至于无形。无形，则深间⑰不能窥，智者不能谋。因形而错胜于众，众不能知⑱；人皆知我所以胜之形，而莫知吾所以制胜之形。故其战胜不复，而应形于无穷⑲。

夫兵形象水，水之形，避高而趋下，兵之形，避实而击虚。水因地而制流⑳，兵因敌而制胜㉑。故兵无常势，水无常形，能因敌变化而取胜者，谓之神。

故五行无常胜㉒，四时无常位㉓，日有短长㉔，月有死生㉕。

注释

❶ 致人：控制对方。 ❷ 致于人：被对方所控制。 ❸ 出其所不趋：意为攻击敌人的主要兵力赶不到的地方，也就是敌人来不及救的地方。 ❹ 趋其所不意：意为我军出现在敌人意想不到的地方。 ❺ 攻其所不守：意为攻击对方防守薄弱的地方。 ❻ 守其所不攻：意为守在敌人无法攻击的地方。 ❼ 为敌之司命：成为敌人生死的主宰者。 ❽ 进而不可御者，冲其虚也：意为进攻而敌人无法防御，是因为攻击的是对方相对空虚的地方。 ❾ 退而不可追者，速而不可及也：意为退兵不会被敌人追击，是因为退兵极其迅速，还没有等敌人反应过来，已经成功地撤退。 ❿ 乖其所之：迫使敌人改变战略方向。乖，乖离、偏离。 ⓫ 形人：迫使敌人暴露出真实的情形。 ⓬ 我无形：让敌人看

不到我方真实的情形。 ⑬ 我专而敌分：我方兵力集中，而敌方兵力分散。 ⑭ 我专为一，敌分为十：我方兵力集中以后，就合成了一股力量；而敌方的兵力分成了十份，一股力量就分散为十股力量。 ⑮ 能以众击寡者，则吾之所与战者，约矣：以我众攻击敌人之寡，打败对方就变成了一件很容易的事。约，简单、容易。 ⑯ 形兵：就是战场上表现出来的我方军队的形态，比如军事装备、兵力部署、行军路线、攻守选择等。 ⑰ 深间：隐藏很深的间谍。 ⑱ 因形而错胜于众，众不能知：意为把战胜敌人的结果摆在众人面前，让大家看到。但大家看到的只是结果，并不知道用的什么方法。错，通"措"，意思是摆在那里。 ⑲ 其战胜不复，而应形于无穷：每一次打胜仗的方式都是不可复制的，因为每一次作战有每一次作战的不同情况，因此就要有适用不同作战情况的无数的应对之形。 ⑳ 水因地而制流：水流根据流经的地形而选择方向和形态。 ㉑ 兵因敌而制胜：用兵之法，是根据敌方的情况而采取不同的策略应对。 ㉒ 五行无常胜：意为五行当中没有哪一种可以胜其他任何一种。 ㉓ 四时无常位：春夏秋冬四个季节，没有哪一个季节可以统治一年的时间，一定是四个季节互相交替。 ㉔ 日有短长：指一年四季有昼夜长短的变化。 ㉕ 月有死生：指月亮圆缺的变化。

知与行 ○○

1. 找出本篇有几个"无常"，分别是什么？并讨论一下各自的含义和特点。

2. 填空

凡先处战地而待敌者佚，后处战地而趋战者劳，故善战者，＿＿＿＿＿＿＿＿＿＿＿＿＿＿＿。能使敌人自至者，＿＿＿＿＿＿；能使敌人不得至者，＿＿＿＿＿＿。

攻而必取者，攻其＿＿＿＿＿＿＿＿；守而必固者，＿＿＿＿＿＿＿＿。故善攻者，敌不知其所守；善守者，敌不知其所攻。微乎微乎，＿＿＿＿＿＿＿＿；神乎神乎，＿＿＿＿＿＿＿＿，故能为敌之司命。

孙子

故形兵之极，＿＿＿＿＿＿＿。无形，则深间不能窥，智者不能谋。因形而错胜于众，众不能知；人皆知我所以＿＿＿，而莫知吾所以＿＿＿。故其战胜＿＿＿，而应形于无穷。

夫兵形象水，水之形，＿＿＿＿＿，兵之形，＿＿＿＿＿。水因地而制流，兵因敌而制胜。故兵无常势，＿＿＿＿＿，能因敌变化而取胜者，谓之神。

广见闻 ∞

关于"月有死生"

像四时一样，古人把月亮阴晴圆缺的变化划分为四个时间节点，分别是朔望生死。时间顺序是朔、既生魄、望、既死魄。朔就是看不见月亮的时候；当月亮重新显示于夜空的时候，就是既生魄，也叫既生霸；满月出现的时候，就是望；月亮逐渐残缺，直至消失这一段时间就叫既死魄，或者既死霸。古代魄、霸通假，指的是月亮看到的部分。孙子说的"月有死生"，指的就是既死魄和既生魄，用两种状态代替月亮所有的变化状态。

扫描扉页二维码，家长可加入每日诵读打卡群
与其余29位家长一起每日辅导孩子诵读经典 ▶ 群类别：诵读打卡

⑲ 牧 民

　　《管子》一书，托名为管子所作，其实是成于众人之手。它内在的主线，就是管仲辅佐齐桓公成就霸业。

　　在先秦诸子的著作当中，《管子》可以说是一部规模庞大的巨著，传世的一共有八十六篇（其中有十篇有篇目但内容缺失）。本书选取其中的六篇，因为每一篇的篇幅都比较长，所以六篇均为节选。

　　《牧民》是《管子》的第一篇，包括国颂、四维、四顺、士经（十一经）、六亲五法五部分，主旨是如何治理百姓。文中首先强调了发展生产的重要性，只有解决了百姓的温饱问题，才可以使礼仪法度有所保证，所谓"仓廪实，则知礼节；衣食足，则知荣辱"。而作为治理国家的基本纲领则是礼义廉耻四维，使百姓能够上下一心，最重要的是要做到政策的顺应民心。

原 文

　　凡有地牧民①者，务在四时②，守在仓廪③。国多财，则远者来；地辟举④，则民留处；仓廪实，则知礼节；衣食足，则知荣辱；上服度⑤，则六亲⑥固。四维⑦张，则君令行。故省刑⑧之要，在禁文巧⑨；守国之度，在饰四维⑩；顺民之经，在明鬼神，祇（zhī）山川⑪，敬宗庙，恭祖旧⑫。不务天时，则财不生；不务地利，则仓廪不盈；野芜旷⑬，则民乃菅⑭；上无量⑮，则民乃妄；文巧不禁，则民乃淫；不璋两原⑯，则刑乃繁；不明鬼神，则陋民⑰不悟；不祇山川，则威令不闻；不敬宗庙，则民乃上校⑱；不恭祖旧，则孝悌不备。四维不张⑲，国乃灭亡。

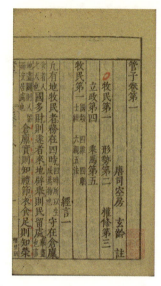

《管子》书影

国有四维，一维绝则倾，二维绝则危，三维绝则覆，四维绝则灭。倾可正也，危可安也，覆可起也，灭不可复错⑳也。何谓四维？一曰礼，二曰义，三曰廉，四曰耻。礼不逾节㉑，义不自进㉒。廉不蔽恶㉓，耻不从枉㉔。故不逾节，则上位安；不自进，则民无巧诈；不蔽恶，则行自全；不从枉，则邪事不生。

政之所兴，在顺民心。政之所废，在逆民心。民恶忧劳，我佚乐之㉕。民恶贫贱，我富贵之。民恶危坠，我存安之。民恶灭绝，我生育之。能佚乐之，则民为之忧劳。能富贵之，则民为之贫贱。能存安之，则民为之危坠㉖。能生育之，则民为之灭绝。故刑罚不足以畏其意，杀戮不足以服其心。故刑罚繁而意不恐㉗，则令不行矣。杀戮众而心不服，则上位危矣。故从其四欲㉘，则远者自亲；行其四恶，则近者叛之，故知"予之为取者，政之宝也"。

注 释

❶ 牧民：治理百姓。 ❷ 四时：春夏秋冬四季。 ❸ 仓廪：储存粮食的仓库。 ❹ 地辟举：土地开辟利用。 ❺ 服度：行为有度。 ❻ 六亲：父母兄弟妻子，泛指亲属。

⑦ 四维：四种纲纪。下文有："何谓四维？一曰礼，二曰义，三曰廉，四曰耻。"因此，《管子》中的四维即礼义廉耻。 ⑧ 省刑：减省刑罚。 ⑨ 文巧：文饰淫巧。 ⑩ 饬四维：整饬四种纲纪。饬，通"饬"。 ⑪ 祗山川：敬待山川。祗，敬。 ⑫ 祖旧：祖先、故旧。 ⑬ 野芜旷：田野荒芜。 ⑭ 民乃菅：百姓则奸猾懒惰。菅，一般认为通"奸"；也有人认为是"荒"字的误写。 ⑮ 无量：没有限度。 ⑯ 不璋两原：不限制两种罪过。璋，当是"障"之误。两原，指文巧和无量这两种罪过的根源。 ⑰ 陋民：鄙陋之民，指素质低下的百姓。 ⑱ 上校：冒犯上位。 ⑲ 四维不张：四种纲纪得不到弘扬。 ⑳ 复错：重新建立。错，通"措"。 ㉑ 礼不逾节：有礼，就不会超越节制。 ㉒ 义不自进：有义，就不会只求自己独进。 ㉓ 廉不蔽恶：有廉，就不会掩盖缺点、罪恶。 ㉔ 耻不从枉：有耻，就不会跟随去做坏事。 ㉕ 我佚乐之：我使之安逸、快乐。我，是从上层统治者的角度而言。 ㉖ 危坠：危险不安。 ㉗ 刑罚繁而意不恐：刑罚繁多反而会心无恐惧。 ㉘ 四欲：四种欲念，即上文所谓的佚乐、富贵、存安、生育。

知与行 ◠◦

1. 填空

国多财，_____；地辟举，_____；仓廪实，_____；衣食足，_____；上服度，_____。四维张，_____。

何谓四维？一曰_____，二曰_____，三曰_____，四曰_____。

政之所兴，在顺民心。政之所废，在逆民心。民恶忧劳，_____。民恶贫贱，_____。民恶危坠，_____。民恶灭绝，_____。

2. 连线

不明鬼神　　　　　　则威令不闻

不祗山川　　　　　　则孝悌不备

不敬宗庙　　　　　　则陋民不悟

不恭祖旧　　　　　　则民乃上校

3. 结合现实生活，讨论一下"四维"在建设和谐社会中的现实意义。

广见闻 ∞○

管仲与齐桓公

春秋时期，齐国国君齐襄公因为昏庸无道，被臣下所杀。当时公子小白和公子纠逃亡在外，公子小白在莒国，公子纠在鲁国。齐国发生内乱以后，两个公子各自启程赶回齐国，争夺国君之位。而管仲和鲍叔牙分别辅佐公子纠和公子小白，两个当年的好友分属不同的阵营。

为了阻止公子小白先回到齐国，管仲亲自率人去拦截公子小白。与公子小白遭遇以后，管仲一箭射中了公子小白，并亲眼看见公子小白应声倒下。可是，当他护送公子纠来到齐国城下的时候，才得知公子小白已经回国继承了国君之位，这个新的国君就是齐桓公。原来当时管仲的箭只是射中了齐桓公的带钩，并没有命中要害，齐桓公为了欺骗管仲假装受伤。管仲只好护送公子纠又回到了鲁国。

齐桓公即位以后，逼迫鲁国把有一箭之仇的管仲送回齐国。但回到齐国的管仲并没有大难临头，而是在好友鲍叔牙的举荐下出任齐桓公的宰相。

由于受到齐桓公的信任，管仲在齐国实行大刀阔斧的改革，对内大力发展经济，很快实现了富国强兵；对外打着"尊王攘夷"的旗号，通过征伐和会盟，建立了春秋时期的新秩序，最终完成了齐桓公"九合诸侯一匡天下"的霸业。

⑳ 权 修

导 读

　　《权修》的主题是国家权力制度的建立和巩固。作为一个国家，必须有健全的统治制度。而为了保证国家政权的巩固，发展生产、禁止末业、赏罚分明、提倡教化、顺应民心、培养人才等，都是必要的手段。文中的"一年之计，莫如树谷；十年之计，莫如树木；终身之计，莫如树人"，直到今天仍然具有指导意义。

原 文

　　万乘之国①，兵不可以无主；土地博大，野不可以无吏；百姓殷众②，官不可以无长；操民之命③，朝不可以无政。

　　地博而国贫者，野不辟④也；民众而兵弱者，民无取⑤也。故末产不禁，则野不辟。赏罚不信，则民无取。野不辟，民无取，外不可以应敌，内不可以固守，故曰有万乘之号，而无千乘之用，而求权之无轻⑥，不可得也。

　　地之生财有时⑦，民之用力有倦⑧，而人君之欲无穷，以有时与有倦，养无穷之君，而度量不生于其间，则上下相疾⑨也。是以臣有杀其君，子有杀其父者矣。故取于民有

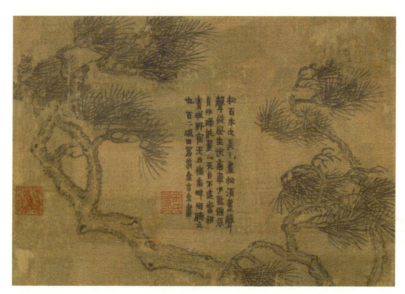

《松树图》 清·金农

度⑩，用之有止，国虽小必安；取于民无度，用之不止，国虽大必危。

野与市⑪争民，家与府⑫争货，金与粟⑬争贵，乡与朝⑭争治；故野不积草⑮，农事先也；府不积货⑯，藏于民也；市不成肆⑰，家用足也；朝不合众⑱，乡分治也。故野不积草，府不积货，市不成肆，朝不合众，治之至⑲也。

商贾(gǔ)在朝⑳，则货财上流㉑；妇言人事㉒，则赏罚不信；男女无别，则民无廉耻。货财上流，赏罚不信，民无廉耻，而求百姓之安难㉓，兵士之死节㉔，不可得也。朝廷不肃㉕，贵贱不明，长幼不分，度量不审㉖，衣服无等㉗，上下凌节㉘，而求百姓之尊主政令，不可得也。上好诈谋闲欺㉙，臣下赋敛竞得㉚，使民偷壹㉛，则百姓疾怨，而求下之亲上，不可得也。有地不务本事㉜，君国㉝不能壹民㉞，而求宗庙社稷之无危，不可得也。

一年之计，莫如树谷㉟；十年之计，莫如树木㊱；终身之计，莫如树人㊲。一树一获㊳者，谷也；一树十获者，木也；一树百获者，人也。我苟种之㊴，如神用之㊵，举事如神，唯王之门。

注　释

① 万乘之国：有上万辆战车的大国。古代以战车的多少来区分国家的大小和军事力量的强弱，如千乘之国、万乘之国。　② 百姓殷众：指国家的人口众多。　③ 操民之命：掌握百姓的命运。　④ 野不辟：田野得不到开辟。　⑤ 民无取：百姓无所取法，意为无法可依。　⑥ 权之无轻：权力不会受到削弱。　⑦ 有时：有时节的限制。　⑧ 有倦：有疲倦的时候。　⑨ 上下相疾：上下之间互相怨恨。　⑩ 有度：有限度，有节制。　⑪ 野与市：田野与集市，引申为农业与工商业。　⑫ 家与府：人家与官府。　⑬ 金与粟：金钱与粮食。　⑭ 乡与朝：乡野与朝廷。　⑮ 野不积草：田野中没有积攒过多的杂草。　⑯ 府不积货：官府中没有囤积过多的财富。　⑰ 市不成肆：交易场所没有形成房屋成排的规模。肆，本义是摆放、陈列，引申为商铺林立。　⑱ 朝不合众：朝廷上没有聚集过多的人。　⑲ 治之至：国家得到治理的最高境界。　⑳ 商贾在朝：生意人在朝中主政。商贾是商人的总称，商本指流动做生意的，贾指在固定的场所做生意的。　㉑ 货财上流：货物财富流动于上层社会。　㉒ 妇言人事：当为妇人言事。意为女人参与朝政。　㉓ 安难：安于危难。　㉔ 死节：死于为国尽忠。　㉕ 朝廷不肃：朝廷得不到整肃。　㉖ 度量不审：度量衡制度得不到详察。　㉗ 衣服无等：服装佩饰没有等级。　㉘ 上下凌节：超越上下等级。　㉙ 诈谋闲欺：欺诈、耍阴谋、离心离德、欺凌。意为互不信任，互相倾轧。　㉚ 赋敛竞得：竞相搜刮民脂民膏。赋敛，聚敛搜刮财富。　㉛ 偷壹：苟且于一时。　㉜ 不务本事：不努力从事农业生产。古代以农业为本。　㉝ 君国：君临国家，即以国君的身份治理国家。　㉞ 不能壹民：不能使百姓同心同德。　㉟ 树谷：种庄稼。　㊱ 树木：植树。　㊲ 树人：比喻培养人才。　㊳ 一树一获：种一次收获一次。　㊴ 我苟种之：我假如能够培养人才。　㊵ 如神用之：如同有了神的作用。

知与行

1. 连线

万乘之国	官不可以无长
土地博大	兵不可以无主
百姓殷众	朝不可以无政
操民之命	野不可以无吏

2. 填空

地博而国贫者，_____也；民众而兵弱者，_____也。故末产不禁，则野不辟。赏罚不信，则民无取。

地之生财_____，民之用力_____，而人君之欲_____，以有时与有倦，养无穷之君，而度量不生于其间，则_____也。

3.《管子》中说："一年之计，莫如树谷；十年之计，莫如树木；终身之计，莫如树人。"请举例说明"树人"的重要性。

广见闻

齐国都城临淄

据《战国策·齐策一》记载："临淄之中七万户……下户三男子，三七二十一万，不待发于远县，而临淄之卒，固以二十一万矣。临淄甚富而实，其民无不吹竽、鼓瑟、击筑、弹琴、斗鸡、走犬、六博、蹴踘者；临淄之途，车毂击，人肩摩，连衽成帷，举袂成幕，挥汗成雨；家敦而富，志高而扬。"

由此可见，春秋战国时期的临淄城是当时规模惊人的大都市，城内有几十万人口，人来人往，车水马龙，到处车轱辘撞车轱辘，人肩碰人肩，衣袖连在一起像帷幕一样，出的汗像下雨一样。当地的居民有吹竽、鼓瑟、击筑、弹琴、斗鸡等各种娱乐活动。

21 霸言

导读

《管子》中的《霸形》和《霸言》两篇相连，讲如何成就霸道。《霸形》在前，内容为管仲和齐桓公关于霸道的对话；《霸言》在后，以"霸王之形"开篇。因此，一般认为，这两篇的篇名有所颠倒，本篇的篇名当为《霸形》。本篇的内容为如何成就霸业，而成就霸业的基础则是"以人为本"，并认为"本理则国固，本乱则国危"，旗帜鲜明地提倡民本思想。

原文

霸王之形，象天则地①，化人易代②，创制天下，等列诸侯③，宾属四海④，时匡天下⑤。大国小之⑥，曲国⑦正之，强国弱之，重国轻之；乱国并之⑧，暴王残之⑨。僇其罪⑩，卑其列⑪，维其民⑫，然后王之⑬。夫丰国⑭之谓霸，兼正之国⑮之谓

《帝尧真像》　清·姚文翰

王。夫王者有所独明。德共者不取也，道同者不王也。夫争天下者，以威易危暴⑯，王之常⑰也。君人者有道，霸王者有时⑱。国修而邻国无道，霸王之资也。夫国之存也，邻国有焉⑲；国之亡也，邻国有焉。邻国有事，邻国得焉；邻国有事，邻国亡焉。天下有事，则圣王利也⑳。国危，则圣人知矣。夫先王所以王者，资邻国之举不当㉑也。举而不当，此邻敌之所以得意也。

夫无土而欲富者忧，无德而欲王者危，施薄而求厚者孤。夫上夹而下苴㉒、国小而都大者弑。主尊臣卑，上威下敬，令行人服，理之至也。使天下两天子，天下不可理也：一国而两君，一国不可理也；一家而两父，一家不可理也。夫令，不高不行，不抟不听㉓。尧舜㉔之人，非生而理㉕也；桀纣㉖之人，非生而乱也。故理乱在上也。夫霸王之所始也，以人为本。本理则国固，本乱则国危。故上明则下敬，政平则人安，士教和㉗则兵胜敌，使能则百事理㉘，亲仁则上不危，任贤则诸侯服。

夫王者之心，方而不最㉙，列不让贤㉚，贤不齿第择众㉛，是贪大物㉜也。是以王之形大也。夫先王之争天下也以方心，其立之也以整齐，其理之也以平易。立政出令用人道，施爵禄用地道，举大事用天道。是故先王之伐也，伐逆不伐顺，伐险不伐易，伐过不伐及。

注 释

① 象天则地：效法天地，以天地的法则为法则。 ② 化人易代：教化百姓，改换时代。 ③ 等列诸侯：分出诸侯的等级。 ④ 宾属四海：使四海之内宾服臣属。 ⑤ 时匡天下：乘时匡正天下。 ⑥ 大国小之：国家过大就让它变小。小，动词，使之小。后面的"正""弱""轻"用法相同。 ⑦ 曲国：邪曲不正的国家。 ⑧ 乱国并之：混乱的国家就兼并它。 ⑨ 暴王残之：暴虐的君王就消灭它。 ⑩ 僇其罪：惩罚其罪过。僇，同"戮"，杀、惩罚。 ⑪ 卑其列：降低其等级。 ⑫ 维其民：维系其百姓。 ⑬ 然后王之：然后再对其国家进行统治。 ⑭ 丰国：能使自己的国家强大。 ⑮ 兼正之国：同时能够匡正其他的国家。 ⑯ 以威易危暴：以威武之势平定危机暴乱。 ⑰ 王之常：王道的纲常。 ⑱ 霸王者有时：霸王之道在于时机的把握。 ⑲ 国之存也，邻国有焉：国家的保存与邻国有关。 ⑳ 圣王利也：圣王从中得利。 ㉑ 资邻国之举不当：借助于邻国的举措不当。 ㉒ 上夹而下苴：上窄而下粗。夹，通"狭"。苴，通"粗"。 ㉓ 不抟不听：不专则不听。抟，通"专"。 ㉔ 尧舜：传说中的上古圣王。 ㉕ 理：天下得到治理。 ㉖ 桀纣：桀是夏代的最后一个王，纣是商代的最后一个王，二人都是亡国之君。 ㉗ 士教和：士教化训练得好。 ㉘ 使能则百事理：使用贤能之人，则所有的政事井井有条。 ㉙ 方而不最：方正而不极端。 ㉚ 列不让贤：选拔不排斥贤人。 ㉛ 贤不齿第择众：选择人才以贤为标准而不论资历。 ㉜ 是贪大物：这是贪爱大的东西，意为目标更加远大。

知与行

1.以下含有民本思想的文字来自哪一部文献？

　民惟邦本，本固邦宁。　　　　　　　_____

　厩焚，子退朝，曰："伤人乎？"不问马。　_____

　民为贵，社稷次之，君为轻。　　　　_____

2.填空

　霸王之形，_____则地，_____易代，_____天下，_____诸侯，_____

四海，_____天下。大国_____，曲国_____，强国_____，重国_____；乱国_____，暴王_____。

广见闻

春秋五霸

周平王东迁以后，王室衰微，周天子逐渐失去了对诸侯国的实际控制权。为了维持当时的政治秩序，春秋时期先后出现了诸侯国的霸主从某种程度上代替周天子约束各个诸侯国的职能的现象。这一时期的霸主历史上总结为春秋五霸，但五霸的名单有很大的争议，较为流行的说法有两种，分别是：齐桓公、宋襄公、晋文公、秦穆公、楚庄王；齐桓公、晋文公、楚庄王、吴王阖闾和越王勾践。

齐桓公是春秋时期无可争议的第一代霸主，他在管子的辅佐之下，通过改革实现了富国强兵。然后打出"尊王攘夷"的旗号，通过北击山戎、南伐楚国等一系列军事行动，取得了诸侯国之间的霸主地位。葵丘会盟成为齐桓公登临霸主地位的标志性事件，其中有七八个诸侯国的国君以及周天子的代表参加。齐桓公在会盟上宣读了诸侯国共同遵守的盟约，并由周王室正式承认了他的霸主地位。

晋文公是继齐桓公之后的春秋第二代霸主，他在位期间，帮助周天子平定了王子带之乱，赢得了诸侯国的拥戴。并在城濮之战中打败了强大的楚国，从而奠定了霸主地位。

其他几位霸主基本上是局部霸主，既没有得到官方认可，也没有形成能够号令天下诸侯的势力。

㉒ 心 术

导 读

《心术》分上下两篇，主要从修行的角度阐述心的功能。文中提出的心为君主之官，与中医思想一致。因为是君主之官，因此心的修行是人最重要的修行。而修行的方式则是摆脱欲望的役使，通过"虚其欲""扫除不洁"，保持心和道之间的通道畅通，从而达到"神明若存"的目的。文中对道的解释"其大无外，其小无内"极为经典。

原 文

心之在体，君之位也①；九窍②之有职，官之分③也。心处其道，九窍循理。嗜欲充益④，目不见色，耳不闻声。故曰上离其道⑤，下失其事⑥。毋代马走⑦，使尽其力；毋代鸟飞，使弊其羽翼；毋先物动⑧，以观其则⑨。动则失位，静乃自得。

道，不远而难极⑩也，与人并处而难得也。虚其欲，神将入舍⑪；扫除不洁，神乃留处。人皆欲智而莫索其所以智⑫乎。智乎，智乎，投之海外无自夺⑬，求之者不得处之者。夫正人无求之也，故能虚无。

《枯木怪石图》 北宋·苏轼

大道可安⑭而不可说。直人⑮之言不义不颇⑯，不出于口，不见于色⑰，四海之人，又孰知其则？

天曰虚，地曰静，乃不伐⑱。洁其宫，开其门，去私毋言⑲，神明若存。纷乎其若乱，静之而自治。强不能遍立，智不能尽谋。物固有形，形固有名，名当，谓之圣人。故必知不言无为之事，然后知道之纪。殊形异势⑳，不与万物异理，故可以为天下始。

道在天地之间也，其大无外，其小无内，故曰"不远而难极也"。虚之与人也无间㉑，唯圣人得虚道，故曰"并处而难得"。世人之所职者精也㉒。去欲则宣㉓，宣则静矣，静则精。精则独立矣，独则明，明则神矣。

注 释

❶ 心之在体，君之位也：心在身体之中，处于君的位置。 ❷ 九窍：身体的九个孔窍，借指身体的各个器官。 ❸ 官之分：器官的本分。 ❹ 嗜欲充益：欲望充满。 ❺ 上离其道：在上位的脱离道的轨道。 ❻ 下失其事：在下位的做事就会失职。 ❼ 毋代马

走：不要代替马来奔跑。意为让马自己跑。 ⑧ 毋先物动：不要在物动之前先动。 ⑨ 以观其则：以观察其规律。 ⑩ 难极：难以探究。 ⑪ 神将入舍：神将会来到自己的身体。 ⑫ 莫索其所以智：不能探索出之所以智慧的原因。 ⑬ 投之海外无自夺：不论在哪里都不会被夺走。 ⑭ 可安：可以安于其道。 ⑮ 直人：当为真人。 ⑯ 不义不颇：不偏不颇。 ⑰ 不见于色：不显现于表情。 ⑱ 不伐：当为不忒，意为没有差错。 ⑲ 去私毋言：去除私欲而不言。 ⑳ 殊形异埶：外在的形虽不同，但内在的势则一样。埶，通"势"。 ㉑ 无间：没有间隔，没有距离。 ㉒ 所职者精也：所要做的事就是心念专一。 ㉓ 去欲则宣：去掉欲念则得到宣通。

知与行

1. 选择

"其大无外，其小无内"，指的是什么？（　　）

A. 原子　　　　　　　　B. 宇宙

C. 道　　　　　　　　　D. 天地

2. 排列顺序

形固有名（　　）　　　　名当（　　）

谓之圣人（　　）　　　　物固有形（　　）

3. 连线

毋代鸟飞　　　　　　　　使尽其力

毋代马走　　　　　　　　以观其则

毋先物动　　　　　　　　使弊其羽翼

4. 填空

心之在体，_____也；九窍之有职，_____也。心处其道，_____。_____充益，目不_____，耳不_____。故曰上离_____，下失_____。

道，不远而_____也，与人并处而难得也。虚其欲，_____；扫除不洁，_____。人皆欲智而莫索其所以智乎。

大道可安而_____。直人之言不义不颇，不出于_____，不见于_____，四海之人，又孰知_____？

天曰_____，地曰_____，乃不伐。_____，开其门，去私毋言，_____。纷乎其若乱，静之而自治。强不能_____，智不能_____。

稷下学宫

广见闻

　　战国时期田氏代齐，齐国由姜姓国君变成了田姓国君。齐威王时期，为了振兴齐国，除了在政治、经济、军事等领域推行改革之外，还通过创立稷下学宫网罗人才，发展文化。

　　稷下学宫因位于齐国都城临淄稷门附近而得名。稷下学宫在创办之后，吸引了各个流派的人才。这些来自不同地域、拥有不同学术理念的学者聚集于此，展开了中国历史上最为壮观的大辩论，由此形成了"百家争鸣"的局面，促进了先秦时期思想文化的高度繁荣，并留下了一大批著作。《管子》的主体部分很可能就是在这一时期形成的。

23 水 地

导 读

　　《水地篇》虽然以"水地"为名，但除了开篇讲到"地者，万物之本原"外，通篇都是在讲水，而且下文又讲到"水者何也？万物之本原也"，因此，这一篇的主题实际上是水。本篇论述了从万物到人与水之间的关系，并把水的特性上升到哲学高度。文中有一段关于玉有九德的阐述成为中国玉文化的源头。

原 文

　　地者，万物之本原，诸生之根菀^①（yuàn）也，美恶^②、贤不肖^③、愚俊^④之所生也。水者，地之血气，如筋脉之通流者也。故曰：水，具材^⑤也。

　　何以知其然也？曰：夫水淖弱^⑥（nào）以清，而好洒人之恶^⑦，仁也；视之黑而白，精也；量之不可使概^⑧，至满而止，正也；唯无不流，至平而止，义也；人皆赴高，己独赴下，卑也。卑也者，道之室，王者之器也，而水以为都居^⑨。

　　夫玉之所贵者，九德出焉。夫玉温润以泽，仁也；邻以理者^⑩，知也；坚而不蹙^⑪（cù），义也；廉而不刿^⑫（guì），行也；鲜而不

《水村行旅图》　明·唐寅

垢[13]，洁也；折而不挠，勇也；瑕适皆见[14]，精也；茂华光泽，并通而不相陵[15]，容也；叩之，其音清抟彻远[16]，纯而不杀[17]，辞[18]也。是以人主贵之，藏以为宝，剖以为符瑞[19]，九德出焉。

人，水也。男女精气合，而水流形。三月如咀[20]。咀者何？曰五味。五味者何？曰五藏[21]。酸主脾，咸主肺，辛主肾，苦主肝，甘主心。五藏已具，而后生肉。脾生隔[22]，肺生骨，肾生脑，肝生革[23]，心生肉。五肉已具，而后发为九窍。脾发为鼻，肝发为目，肾发为耳，肺发为窍。五月而成，十月而生。生而目视，耳听，心虑。目之所以视，非特山陵之见[24]也，察于荒忽[25]。耳之所听，非特雷鼓之闻也，察于淑湫[26]。心之所虑，非特知于麤粗[27]也，察于微眇[28]，故修要之精。

是故具者何也？水是也。万物莫不以生，唯知其托者能为之正。具者，水是也，故曰：水者何也？万物之本原也，诸生之宗室也，美恶、贤不肖、愚俊之所产也。

注 释

❶ 根菀：意为根源所在地。　❷ 美恶：美好与丑恶。　❸ 贤不肖：贤能之人与无才之人。　❹ 愚俊：愚蠢之人和出众之人。　❺ 具材：具备一切材质。　❻ 淖弱：意为柔弱。　❼ 洒人之恶：洗涤人的污秽。洒，洗涤。　❽ 量之不可使概：称量水不可使用

概。概，用斗斛称量米粟时在口部刮平用的木板。 ⑨ 都居：聚集的地方。 ⑩ 邻以理者：清澈而有纹理。邻，通"粼"。 ⑪ 坚而不蹙：坚硬而不屈聚。 ⑫ 廉而不刿：正直有棱角而不伤人。廉，有棱角。刿，刺伤。 ⑬ 鲜而不垢：鲜明而没有污垢。 ⑭ 瑕适皆见：玉的瑕疵都显现出来。 ⑮ 并通而不相陵：相互渗透但不相互侵犯。 ⑯ 清抟彻远：清脆纯净而辽远。抟，通"专"。 ⑰ 纯而不杀：纯正而没有杀气。 ⑱ 辞：本义为辞章，引申为有韵律。 ⑲ 剖以为符瑞：剖制成吉祥之物。 ⑳ 如咀：当为而咀。咀，含而品味。 ㉑ 五藏：即五脏。藏，通"脏"。 ㉒ 脾生隔：脾生隔膜。 ㉓ 肝生革：肝生皮。 ㉔ 非特山陵之见：不只是能看见大山丘陵这样的景物。 ㉕ 荒忽：看不清的东西。 ㉖ 淑湫：指细微的声音。 ㉗ 麤粗："麤"字，意为粗大；"粗"字，意为粗糙。二字的简化字均为"粗"。 ㉘ 微眇：微细难辨。

知与行

1. 水的五德和玉的九德是什么？

2. 填空

水者，_____，如筋脉之通流者也。故曰：水，_____也。

卑也者，_____，王者之器也，而水以为_____。

人，水也。男女_____合，而水_____。

是故具者何也？水是也。万物_____，唯知其托者能为之正。具者，水是也，故曰：水者何也？万物之_____也，诸生之_____也，美恶、_____、愚俊之所产也。

广见闻

先秦诸子对水的论述

上善若水。水善利万物而不争，处众人之所恶，故几于道。居善地，心善渊，与善仁，言善信，政善治，事善能，动善时。夫唯不争，故无尤。

（《老子》）

夫兵形象水，水之形，避高而趋下，兵之形，避实而击虚。水因地而制流，兵因敌而制胜。故兵无常势，水无常形，能因敌变化而取胜者，谓之神。

（《孙子》）

告子曰："性犹湍水也，决诸东方则东流，决诸西方则西流。人性之无分于善不善也，犹水之无分于东西也。"

孟子曰："水信无分于东西。无分于上下乎？人性之善也，犹水之就下也。人无有不善，水无有不下。今夫水，搏而跃之，可使过颡；激而行之，可使在山。是岂水之性哉？其势则然也。人之可使为不善，其性亦犹是也。"

（《孟子》）

扫描扉页二维码，家长可加入每日诵读打卡群
与其余29位家长一起每日辅导孩子诵读经典 ▶ 群类别：诵读打卡

㉔ 形势解

导 读

　　《形势篇》是《管子》的第二篇，题目来自开篇的"山高而不崩则祈羊至矣，渊深而不涸则沈玉极矣"，山高、渊深为形，高低之形形成势，而使"祈羊至""沈玉极"，这是势带来的结果。除此之外，世间一切都存在类似高山、深渊的形与势，因此，凡事要顺势而为。而《形势解》是《管子》的第六十四篇，内容是对《形势篇》的解读。

原 文

　　山者，物之高者也。惠者，主之高行①也。慈者，父母之高行也。忠者，臣之高行也。孝者，子妇之高行也。故山高而不崩则祈羊至②，主惠而不解③则民奉养，父母慈而不解则子妇顺，臣下忠而不解则爵禄至，子妇孝而不解则美名附。故节高而不解，则所欲得矣，解则不得。故曰："山高而不崩则祈羊至矣。"

　　渊者，众物之所生也，能深而不涸④，则沈玉至⑤。主者，人之所仰而生也，能宽裕纯厚而不苛忮⑥，则民人附。父母者，子妇之所受教也，能慈仁教训而不失理，则子妇孝。臣下者，主之所用也，能尽力事上，则当于主⑦。子妇者，亲之所以安也，能孝弟⑧顺亲，则当于亲。故渊涸而无水则沈玉不至，主苛而无厚则万民不附，父母暴而无恩则子妇不亲，臣下堕而不忠则卑辱困穷，子妇不安亲则祸忧至。故渊不涸，则所欲者至，涸则不至。故曰："渊深而不涸则沈玉极⑨。"

《山水图》 明·陈德

羿⑩，古之善射者也。调和其弓矢⑪而坚守之。其操弓也，审其高下，有必中之道，故能多发而多中⑫。明主，犹羿也，平和其法，审其废置⑬而坚守之，有必治之道，故能多举而多当⑭。道者，羿之所以必中也，主之所以必治也。射者，弓弦发矢也。故曰："羿之道非射也。"

海不辞水⑮，故能成其大；山不辞土石，故能成其高；明主不厌人⑯，故能成其众；士不厌学，故能成其圣。饕者，多所恶也。谏者，所以安主也；食者，所以肥体也。主恶谏则不安⑰，人饕食⑱则不肥。故曰："饕^{cí}食者不肥体也。"

注 释

❶ 高行：崇高的行为。 ❷ 祈羊至：祭祀的羊就会到来。 ❸ 主惠而不解：主上的恩惠不间断。解，通"懈"，懈怠。 ❹ 涸：干涸、枯竭。 ❺ 沈玉至：祭祀的玉就会到来。沈，通"沉"，在这里指祭水时把祭品沉于水中的行为。 ❻ 苛忮：苛刻刚愎。 ❼ 当于主：合乎主上之意。 ❽ 孝弟：孝顺父母，和睦兄弟。弟，通"悌"。 ❾ 沈玉

极：即"沈玉至"，意为祭祀的玉就会到来。因上文为"祈羊至"，故此处变文为"沈玉极"。沈，通"沉"。 ⑩ 羿：古代传说中的善射者。 ⑪ 弓矢：弓和箭。 ⑫ 多发而多中：意为百发百中。发，射箭。中，命中目标。 ⑬ 审其废置：审查辨明哪些应该废除，哪些应该设立。 ⑭ 多举而多当：许多举措都很恰当。 ⑮ 海不辞水：大海不排斥水流。 ⑯ 明主不厌人：圣明的君主不厌倦百姓。 ⑰ 主恶谏则不安：君主厌恶进谏就会不安定。 ⑱ 餐食：挑食。

知与行 ○⌒

1. 填空

故山高而不崩则_____，主惠而不解则_____，父母慈而不解则_____，臣下忠而不解则_____，子妇孝而不解则_____。

渊者，_____之所生也，能深而不涸，则_____。主者，人之所_____也，能宽裕_____而不苟忮，则民人附。父母者，子妇之所受教也，能_____教训而不失理，则子妇孝。臣下者，主之所用也，能尽力事上，_____。子妇者，亲之所以安也，能孝弟顺亲，_____。

明主，犹羿也，平和其法，审其_____而坚守之，有必治之道，故能多举而_____。道者，羿之所以_____也，主之所以_____也。射者，_____发矢也。故曰："羿之道_____也。"

2. 连线

山者　　　　　臣之高行也

惠者　　　　　子妇之高行也

慈者　　　　　物之高者也

忠者　　　　　主之高行也

孝者　　　　　父母之高行也

3. 熟读"海不辞水，故能成其大"一段，讨论一下包容的力量。

羿的传说

中国古代至少有两个传说中的羿，都以善射而闻名。

第一个羿是尧时代的羿。传说太阳的母亲羲和一共有十个儿子，也就是十个太阳。平时十个太阳栖息在扶桑树上，每天有一个太阳值班，东升西落，照耀人间。可是有一天十个太阳同时出现于天空，由于过度炎热，大地上的庄稼和草木被烤焦了，给百姓带来了深重的灾难。天帝因此赏赐给羿弓箭，让他为民除害。羿于是来到人间，用他的弓箭一口气射下九个太阳，所以，今天的人间只能看见一个太阳。

这个远古时期的羿，还是传说中月亮女神嫦娥的丈夫。本来是羿从西王母那里求来了不死之药，却被他的妻子嫦娥偷吃。嫦娥因此升天，常住在月亮上的广寒宫，忍受着永恒的寂寞。

另外一个羿是夏朝的羿。这一个羿是东方有穷氏的国君，被称作后羿或夷羿。太康是夏朝继夏启之后的第二代君王，他在位期间，生活骄奢淫逸，长年在外狩猎，不理朝政。后羿就趁太康在外打猎的机会，攻取夏朝的都城，掌握了夏朝的朝政大权，后来竟然取代夏朝自立为王。但是好景不长，后羿并没有接受太康失国的教训，甚至比太康还要骄奢淫逸，同样长年在外打猎不归。他的国相寒浞不仅和他的妻子私通，而且也和他一样，趁机夺取了有穷氏的政权，而后羿本人也被家臣杀害。

后来，太康的孙子少康在众人的帮助下，消灭了寒浞的势力，恢复了夏王朝的统治。

参考答案

1 乾

1. 3 2 4
   1 6 5
2. 略

2 坤

1. 履霜 直方 含章 括囊 黄裳
   其中的规律是互为韵文。
2. 坤元 资生 载物 含弘 咸亨 地类 柔顺
   先迷 后顺 类行 有庆 安贞

3 泰否

1. B A A B A B A B A A B A B
2. 略

4 损益

1. 泰☷☰ 否☰☷ 损☶☱ 益☴☳
   泰卦颠倒过来是否卦，损卦颠倒过来是益卦；泰卦
   九三阳爻上移到上六变成损卦，否卦九四阳爻下移到
   初六变成益卦。
2. 益下 无疆 下下 大光 中正
   木道 益动 地生 无方 与时

5 谦豫

1. 谦卦：初六谦谦、六二鸣谦、九三劳谦、六四㧑谦、
   上六鸣谦，一共有六个"谦"字。
   豫卦：初六鸣豫、六三盱豫、九四由豫、上六冥豫，一
   共有四个"豫"字。
   （注意：是爻辞，不含卦辞、《彖传》和《象传》）
2. 2 1
   4 3
3. 以动 如之 行师 顺动 不过 不忒 刑罚 时义

6 蹇解

1. 难 前 止 中 穷 有功 正邦 时用
2. 略

7 涣节

1. 1 4 3
   5 6 2
2. 得中 穷 行险 节 通 天地 四时 制度
   财 民
3. 略

8 中孚小过

1. 3 2
   1 4
2. 刚得中 化邦 豚鱼 舟虚 应乎天
3. 略

9 系辞上

1.
   阴 --   阳 —

   太阳一☰   少阴二☱   少阳三☲   太阴四☳
   乾☰ 震☳ 坎☵ 艮☶ 坤☷ 巽☴ 离☲ 兑☱
2. 乾坤 贵贱 刚柔 吉凶 成象 成形 相摩
   相荡 雷霆 风雨 运行 成男 成女 大始
   成物 无思 寂然 感 至神 极深 深 几 神

10 系辞下

1. A. 15。
   B. 甲己、乙庚、丙辛、丁壬、戊癸两两一组。
   C. 九数图除中间的5之外，其余八个数对应四正四隅
      八个方位；十数图除中间的5和10之外，两两一组
      对应东西南北四个方位。
   D. 55。
2. 2 1 4 5 3
3. 不可远 屡迁 六虚 相易 唯变 出入 外内
   忧患 师保

11 说卦

1. A. 乾 坤 坎 离   B. 乾 震 坎 艮
      震 巽 艮 兑   坤 巽 离 兑
2. 震—东 巽—东南 离—南 坤—西南 兑—西
   乾—西北 坎—北 艮—东北

12 序卦

1. 春—泰 夏—乾 秋—否 冬—坤
   复☷☳ 临☷☱ 泰☷☰ 大壮☳☰ 夬☱☰ 乾☰☰
   姤☰☴ 遯☰☶ 否☰☷ 观☴☷ 剥☶☷ 坤☷☷
2. 2 1 3 4 5 6

13 计篇

1. 五事：一曰道，二曰天，三曰地，四曰将，五曰法。

七情：主孰有道？将孰有能？天地孰得？法令孰行？兵众孰强？士卒孰练？赏罚孰明？

2. 略

3. 略

4. 诡道 不能 不用 远近 诱取 备避
挠 骄 劳 离 无备 不意 先传 庙算 多算
少算 无算 胜负

14 作战篇

1. 略 2. 略

3. 久 攻城 久暴师 屈力 乘其弊
智者 拙速 巧之久 未之有

15 谋攻篇

1. 韩信伐燕、晏子折冲樽俎等。

2. 上兵伐谋，其次伐交，其次伐兵，其下攻城。

3. 知彼知己——百战不殆 不知彼而知己——一胜一负
不知彼，不知己——每战必殆

16 形篇

1. 善战者：一、先为不可胜，以待敌之可胜。二、能为
不可胜，不能使敌之可胜。三、胜于易胜者也。
四、立于不败之地，而不失敌之败也。
善用兵者：修道而保法，故能为胜败之政。
非善之善者：一、见胜不过众人之所知。二、战胜而
天下曰善。

2. 略

17 势篇

1. 查阅资料，画出五行生克图。 2. 略

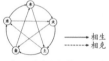

→ 相生
┄┄> 相克

3. 正 奇 天地 江海 日月 四时 势 节 险 短
势 节 木石 静 动 止 行 圆石

18 虚实篇

1. 共有四个"无常"，分别是：兵无常势、水无常形、
五行无常胜、四时无常位。 略

2. 致人而不致于人 利之也 害之也
所不守也 守其所不攻也 至于无形 至于无声
至于无形 胜之形 制胜之形 不复
避高而趋下 避实而击虚 水无常形

19 牧民

1. 则远者来 则民留处 则知礼节 则知荣辱 则六亲
固 则君令行 礼 义 廉 耻
我佚乐之 我富贵之 我存安之 我生育之

2. 不明鬼神 则威令不闻
不祗山川 则孝悌不备
不敬宗庙 则陋民不悟
不恭祖旧 则民乃上校

3. 略

20 权修

1. 万乘之国 官不可以无长
土地博大 兵不可以无主
百姓殷众 朝不可以无政
操民之命 野不可以无吏

2. 野不辟 民无取 有时 有倦 无穷 上下相疾

3. 略

21 霸言

1. 《尚书》 《论语》 《孟子》

2. 象天 化人 创制 等列 宾属 时匡 小之
正之 弱之 轻之 并之 残之

22 心术

1. C

2. 2 3 4 1

3. 毋代鸟飞 使尽其力
毋代马走 以观其则
毋先物动 使弊其羽翼

4. 君之位 官之分 九窍循理 嗜欲 见色 闻声
其道 其事 难极 神将入舍 神乃留处
不可说 口 色 其则 虚 静 洁其宫
神明若存 遍立 尽谋

23 水地

1. 水的五德：夫水淖弱以清，而好洒人之恶，仁也；视之
黑而白，精也；量之不可使概，至满而止，正也；唯
无不流，至平而止，义也；人皆赴高，己独赴下，卑也。
玉的九德：夫玉温润以泽，仁也；邻以理者，知也；坚
而不蹙，义也；廉而不刿，行也；鲜而不垢，洁也；折
而不挠，勇也；瑕适皆见，精也；茂华光泽，并通而不
相陵，容也；叩之，其音清抟彻远，纯而不杀，辞也。

2. 地之血气 具材 道之室 都居 精气 流形
莫不以生 本原 宗室 贤不肖

24 形势解

1. 祈羊至 民奉养 子妇顺 爵禄至 美名附
众物 沈玉至 仰而生 纯厚 慈仁 则当于主
则当于亲 废置 多当 必中 必治 弓弦 非射

2. 山者 臣之高行也
惠者 子妇之高行也
慈者 物之高者也
忠者 主之高者也
孝者 父母之高行也

3. 略